AF358537

TU PROPIO CAMINO

Herramientas para mejorar la salud, perder peso y aumentar músculo.

TU PROPIO CAMINO

IVÁN GÓMEZ LÓPEZ

Título: *Tu propio camino*
© 2020, Iván Gómez López

Autoedición y Diseño: 2020, Iván Gómez López

Primera edición: febrero de 2020
ISBN-13: 978-84-18213-22-9
Depósito legal: TF 81-2020

ÍNDICE

¡¡La dieta milagro NO EXISTE!!

INTRODUCCIÓN DEL AUTOR

Puedes estar pensando: "¡¡Vaya manera de empezar un libro!!".

Suena tajante, pero la verdad te hará ser consciente de que tienes que ponerte manos a la obra cuanto antes y no perder el tiempo en buscar pócimas mágicas.

Decir **_LA VERDAD_** es una cualidad que no abunda en nuestra sociedad.

A las personas solo les importa el bien propio, el dinero, una consulta rápida basada en factores externos y velozmente porque hay otra persona esperando detrás. Parece que hemos perdido el sentimiento de humanidad, que no nos importa la persona que tenemos enfrente, como si se tratase de un miembro cualquiera de un rebaño, y es egoísmo a flor de piel, pues no nos preguntamos siquiera qué es lo que puede estar sintiendo o qué problemas emocionales puede tener esa persona que confía en nuestra sabiduría y se pone en nuestras manos con la esperanza de mejorar su vida.

Por este motivo **_debes conocer la verdad, y la verdad te da la libertad._**

Sin aplicar esfuerzo no vas a conseguir nada.

Estás buscando el santo grial que acabe con tus problemas, pero siento decirte que *la dieta perfecta no la encontrarás ni en este libro ni en ninguno.*

Si te prometen la dieta PERFECTA en algún sitio, te están mintiendo.

En la primera parte de la trilogía, *CREA TU FORMA*, te expuse herramientas para la pérdida de grasa y para que llegues al entendimiento de cómo funciona tu cuerpo y puedas optimizarlo, pero para cambiar tu cuerpo y tu salud hay otros factores que incluir que pueden marcar la diferencia.

La salud es un mundo gigantesco en constante evolución y hay numerosas técnicas aparte de la nutrición que sin duda te ayudarán a mejorar tu físico.

El objetivo de *TU PROPIO CAMINO* es seguir ofreciéndote otras opciones para mejorar a nivel espiritual, mental y físico, optimizando así tu calidad de vida, lo que se traducirá sin duda en una mejora de la composición corporal.

Pero como siempre digo hay que tener en cuenta lo más importante, que *es el factor individual.* Cada persona tiene unas preferencias y se adhiere mejor a un sistema que a otro, por eso con toda la trilogía tendrás varias posibilidades de elección. Es imposible juntarlas todas, he incluido las que en la práctica me han dado mayores resultados.

Si uno no te funciona, podrás probar con otro. Siempre habrá un plan al que te adhieras mejor, pero todo desde el entendimiento de que somos más que unos simples números o estadísticas, y que puedas elegir así cuál es el camino que vas a tomar.

Entender que lo que a otra persona le funciona a ti puede no funcionarte, de eso trata, de tener la máxima información posible que te ayude a llevar tu vida a un nivel exponencial.

También puede darse el caso de que, lo que un día te funcionó, ya no te sirva o no te dé los mismos resultados.

Hay que entender que las personas estamos en constante evolución, y las circunstancias actuales (trabajo, estrés, sueño, nivel de entrenamiento, y así un largo etcétera) seguramente sean distintas a las anteriores.

En lo que sí hay consenso es que un exceso de grasa corporal nos restará energía para afrontar nuestro día y poder mejorar otras facetas, como el amor o el nivel de nuestra economía.

Sin energía, menos ganas de trabajar o emprender.

Sin energía, más dificultad para aportar a una relación o encontrar a una persona para compartir nuestra vida.

¿A quién le interesaría estar con una persona que va desganada por la vida, sin ilusión, sin ganas de seguir evolucionando, quejándose por todo? A nadie, ¿verdad?

Incluye también las bases para iniciar paso a paso un proceso de **aumento de masa muscular, información** avalada por la ciencia y la experiencia de los mejores expertos en el área de nutrición y entrenamiento a nivel nacional e internacional.

TU PROPIO CAMINO **no es solo alimentación, <u>ES MUCHO MÁS</u>.**

Mente y alma unidas para obrar milagros.

Este libro posee información de gran calidad, fruto del entrenamiento diario con mis mentores con resultados excepcionales en el campo del crecimiento personal y el estudio de los mejores profesionales a nivel mundial, **expertos en el funcionamiento del cerebro: las emociones y las formas de actuar.**

El motor ha sido el amor por el conocimiento de varios temas: <u>Cuerpo, Alma y Mente.</u> Para que puedan funcionar correctamente deben ir todas las piezas encajadas a la perfección, deben trabajar en la misma dirección.

Mi intención ha sido dar una vuelta más de tuerca para ofrecerte de manera integral la mejor información para mejorar tu salud, que tengas todo a tu alcance y que con ello consigas un aumento de la esperanza y la calidad de vida, experimentando mayores niveles de felicidad desde la perspectiva de que somos un conjunto inseparable.

Quizá hay algo que te está deteniendo para conseguir mejorar tu físico y tu vida y no eres consciente.

Todos queremos ser felices, y una manera de serlo es empezar por la salud, debes cuidar tu templo, es la herramienta indispensable para poder mejorar el resto de áreas, y conocer cómo funciona tu cerebro te ayudará a encontrar la respuesta que quizá has anhelando tanto tiempo.

¡¡¡EMPEZAMOS!!!

TERMINA LO QUE EMPIEZAS

Enhorabuena, querido lector, si has llegado hasta aquí quiere decir varias cosas: que eres una persona comprometida y, por tanto, que acabas lo que empiezas, y de la forma en que actúas ante una situación, lo haces en todas, es tu forma de ser.

El compromiso filtra a las personas, ya sea económico o de otra índole.

Y eso es un gran punto a tu favor, déjame darte algún dato.

La mayoría de las personas, ¿por qué no cumplen sus sueños?

¿Por qué no obtienen el físico deseado, a pesar de tener las mejores herramientas, la última evidencia?

¿Por qué no obtienen el trabajo soñado?

¿Por qué no tienen la relación duradera?

Y así podría hacerte un montón de preguntas, y la respuesta es que LO DEJAN TODO A MEDIAS, fallando a su compromiso.

Empiezan cualquier cosa con mucha ilusión, pero cuando se empiezan a poner las cosas difíciles rompen su palabra y lo dejan muy rápido.

Solo un pequeño porcentaje está dispuesto a terminar lo que empieza, y el resultado es que obtienen grandes cosas.

El resto, cuando llega la dificultad, empieza su juego mental, llegan las negociaciones internas y miran para los lados.

Comienzan a justificarse diciendo que, al final, esto no era para ellos, que más adelante tendrán nuevas oportunidades y condiciones más favorables, y así un largo etcétera para convencerse de su fracaso y no sentirse mal con ellos mismos.

Pues bien, acaban de perder la oportunidad de su vida, siempre, siempre, siempre hay que enfrentar el obstáculo.

¿De verdad piensas que si has dejado esto a medias más adelante no te volverá a pasar lo mismo?

Pero el sentimiento será mucho peor porque ahora ya conoces la verdad y sabes qué hay que hacer para conseguir lo que deseas, y no lo estás haciendo, ya no tienes excusa.

La mayoría subestiman el precio que hay que pagar para conseguir sus sueños.

Deberás estar en un nivel de energía y compromiso por encima de lo normal.

Si quieres destacar tienes que pagar el precio, no hay más, la vida es muy fácil, pero hay que hacerlo y eso es lo realmente difícil.

Pero si no quieres pagar el precio vuelve al conjunto que no obtiene resultados, vuelve a la mediocridad, pero luego no te quejes de la vida que tienes, no critiques a otros que sí lo consiguen, no envidies, aunque la realidad es que todos acaban pagando su frustración, escondiéndose probablemente detrás de la pantalla de un teléfono o culpando a cualquiera de su situación.

No hay ni una sola persona de éxito, repito ni una sola, que no haya tenido dificultades, no existe, pero a pesar de esto aún seguimos buscando el camino fácil, y el camino fácil, el que transita todo el mundo, te va a llevar ahí precisamente, donde está todo el mundo.

¿Y tú estás dispuesto a ser de ese pequeño porcentaje que transforma su sueño en realidad?

¿Qué cualidades tienen las personas que consiguen triunfar en la materia que sea, ya sean médicos, actores o deportistas de élite, como pueden ser los mejores jugadores del mundo de futbol, Cristiano Ronaldo y Leo Messi?

Pues la cualidad que tienen en común todos ellos es… voy a hacerte esperar unas líneas más.

La cualidad que puedes estar pensando ahora mismo es que han nacido para eso, que han tenido suerte o que han sido tocados por la gracia de Dios, aunque ellos afirman una Fe inquebrantable como parte de su éxito.

Pues no, ellos han tenido las mismas oportunidades que tú, y esa oportunidad se llama vida, pero la han sabido aprovechar, cosa que la gran mayoría NO.

Si indagas un poco en sus biografías verás que incluso lo tuvieron más difícil que tú.

Cristiano Ronaldo era un niño que vivió en uno de los barrios más pobres de Portugal, su padre alcohólico murió con cincuenta y dos años y su hermano cayó en el mundo de las drogas.

Pero su perseverancia y el amor por el fútbol le llevaron a cambiar su vida y salir de la pobreza.

A Leo Messi, también de una familia humilde, a los once años le detectaron deficiencia en la producción de la hormona de crecimiento, y esto frenó sus aspiraciones a entrar en un gran club, ya que no estaban dispuestos a pagar su costoso tratamiento médico de crecimiento.

Pero esto le sirvió para ser más perseverante y seguir hasta que pudo hacer una prueba con el Barcelona F. C.

Ambos tienen algo en común, tenían un sueño y, sobre todo, la clave que te voy a desvelar, ahora sí.

Cuando los demás se cansaban, ellos, a pesar de sus dificultades económicas o físicas, decidieron seguir adelante, incluso se esforzaban más que los demás.

Pero esto no solo queda ahí, sino que ahora mismo siguen imprimiendo más energía que los demás, saben que el tiempo juega en su contra, y han entendido muy bien que si quieren seguir siendo los número uno y seguir sirviendo de inspiración al mundo tienen que seguir perseverando más que los demás.

La clave para triunfar es acabar lo que empiezas, y para eso tu gran aliada es **LA PERSEVERANCIA.**

Puedes ser perseverante todos los días y realizar muy poca tarea relacionada con tu sueño o, por el contrario, planificar, como te enseño en el tercer volumen de la saga, *APTO*, y realizar las máximas acciones diarias que te acerquen al triunfo.

¿Qué pasa si te quedas parado?

Bueno, puedes pensar que no pasa nada, simplemente que no estás avanzando, pero lo que está sucediendo es que estás retrocediendo porque, al no tomar acción, lo que haces es alejarte más de tu sueño, y el tiempo sigue corriendo, no se detiene.

PERSEVERANCIA

La perseverancia tiene que venir acompañada de una gran **Acción Continua**.

¿Qué es lo que te está paralizando?

EL MIEDO

El mayor obstáculo que puedes encontrar para ser perseverante es que el miedo te paralice.

¿A qué le tienes miedo?

Cuando tengas que enfrentarte a tareas o situaciones difíciles y no sepas cómo hacerlo, tendrás que tomar una determinación. Solo hay dos posibilidades: cara o cruz, actúas o te paralizas, avanzas o retrocedes. Como ves, tienes que elegir, el miedo es simplemente falta de información en una materia que te lleva a la inseguridad.

Tienes miedo al qué dirán, a las críticas que puedes recibir, pero observa por parte de dónde vienen esas críticas, de personas que no están haciendo nada por mejorar sus vidas.

Mucha gente falla porque tiene miedo a sobresalir, y debes tener clara una cosa: cuando algo se convierte en un estándar, se convierte en un blanco de envidia. Si tu trabajo es mediocre no te molestarán, pero si logras hacer algo grandioso, millones de personas hablarán de ti. El líder no se desanima por las críticas y sigue adelante. Debes hacerlo porque de ahí nacen las recompensas.

Miedo al fracaso, más vale un mal resultado que una inacción, tú ya estás por delante de esas personas que ni siquiera se atreven a moverse del sillón de sus casas.

Hazlo, y después ya corregirás si es necesario. No escuches las críticas, no les prestes energía.

Debes concentrar toda tu energía en crear lo que quieres ver manifestado, y cuando aparezca una sensación de miedo actúa.

El miedo no deja que seamos libres, centrarnos en el miedo evita nuestra evolución, no hemos sido creados para vivir una vida de limitaciones, el miedo nos paraliza.

El miedo es una herramienta de supervivencia, ya que, sin él, no hubiésemos sobrevivido como especie al no detectar los peligros para nuestras vidas.

Entender que podíamos ser presa de algún animal garantizaba la continuidad de nuestra especie.

De hecho, hay personas con mutaciones genéticas y parecen tener menos miedo.

Alguien que no tiene miedo tiene una esperanza de vida menor porque no es consciente del peligro real para su vida.

Por eso es bueno tener un poco de miedo, pero lo justo.

No hay que confundir el peligro para nuestra vida con el miedo a evolucionar.

A tu mente solo le interesa la zona de confort, la comodidad, y todo lo que crea que atente contra ella va a intentar rechazarlo.

Debes elevar tu vibración por encima de la situación, y estarás pensando: "¿Cómo se hace?".

Pues enfocándote en el polo opuesto del miedo, que es El AMOR. Enfócate en qué quieres conseguir con la acción que vas a realizar: un físico mejor, una relación mejor, un trabajo mejor, ayudar a los demás, etc.

EL AMOR

¿Cuál es la fuerza que mueve el mundo?

Seguramente te habrás preguntado esto muchas veces y quizá no hayas encontrado aún la respuesta.

¿Dónde encontrar esa fuerza, ese motor que te ayude a seguir, a alcanzar tus sueños?

La respuesta no la vas a encontrar fuera.

La respuesta está dentro de ti.

Dentro de lo más profundo de tu alma, de tu ser, está tu corazón, que es lo más grande, hace que todos seamos uno, que no haya diferencias entre nosotros, que tengamos una conexión con la tierra, con los animales, con el universo, es decir, el sentido de unidad. Cuando logras alcanzar este entendimiento, aprendes el funcionamiento de la vida, y esto es vivir en AMOR, y ***ahí no existe el miedo.***

Atraemos las cosas con el pensamiento, pero sobre todo con el corazón, sintiendo una gran emoción que se proyecta desde dentro hacia fuera, y como si de un imán se tratase enviamos una señal al campo de energía, donde hay infinitas posibilidades, y esa energía con el tiempo es capaz de materializarse.

¿Por qué hay veces en las que nos desconectamos del amor?

Ambas fuerzas tienen la misma potencia, solo tienes que decidir en qué lado te posicionas.

Los problemas cotidianos y las preocupaciones nos hacen perder de vista el norte y separarnos de esta inmensidad. Vivimos continuamente condicionados por factores externos a los que prestamos atención y que nos llevan a actuar de la misma forma diariamente. Dejamos de prestar atención a nuestro interior, al momento presente, y así es imposible crear una vida nueva y volvernos a conectar con la energía poderosa del amor, lo que nos lleva a bloquearnos en la consecución de nuestros objetivos, pasando al lado opuesto, **al miedo, la frustración, la inseguridad y la infelicidad.**

Lo correcto, la normalidad, es el amor, el miedo lo eliges tú.

¿Por qué me pasa esto?

Si te estás haciendo esta pregunta, vas por mal camino, estás en el rol de **víctima.**

Te bloquearás, serás presa del pesimismo, perderás la fe, irá pasando el tiempo y empezarás a no verle el sentido a lo que haces, llegando a dudar de ti o de tus capacidades, paralizándote por completo.

¿Quizá no es mi propósito?

Buscas y buscas y por más que buscas no encuentras, pero ahí es donde te diferenciarás de los demás, donde todos se cansan y terminan aceptando que su vida tiene que ser así, haciendo del victimismo como si una parte del cuerpo se tratase, a la que llevas contigo a todas horas. **Tú seguirás hasta encontrar tu camino**, y quizá te lleve más tiempo del esperado, pero al final encontrarás el sentido de todo lo que estás atravesando, que es una enseñanza, una prueba de FE.

Debes cambiar la vibración y seguir buscando hasta que encuentres. Busca la manera, créala como sea, tienes el poder.

Si intentas controlar todo lo que te pasa, te llenarás de frustración.

Hay situaciones que se escapan del entendimiento de tu mente racional y analítica y no puedes hacer nada para evitarlas.

Estas situaciones son oportunidades de oro para seguir creciendo, son pruebas del universo.

Es un claro indicador de que vas por buen camino, recuérdalo. Cuando aparezca un obstáculo, sigue adelante.

Esto lo aprendí durante mi entrenamiento con mis mentores millonarios. Ellos saben reconocerlo muy bien, donde otros ven obstáculos, ellos ven la oportunidad.

Pero si te bloqueas y no sabes continuar, debes romper el patrón mental.

> ## ¿CÓMO SALIR DE UN BLOQUEO?
>
> _No te quedes demasiado tiempo en el problema y, rápidamente, enfócate en la solución._
>
> Rompe el patrón mental. Esto se consigue desviando tu atención hacia otro punto totalmente distinto.
>
> Una técnica que funciona es cambiar totalmente de acción, me explico a continuación.
>
> Date una ducha de agua fría. Si vives cerca del mar, adéntrate en sus aguas heladas, o, si es invierno, sal a la calle unos minutos con poca ropa. Esto representará un impacto fuerte para tu mente que hará que rápidamente desvíes el foco de atención.
>
> Pruébalo, realmente funciona.

Antes de adentrarte en el mar o darte una ducha en pleno invierno o recién levantado, tu mente de nuevo va a tratar de detenerte.

Busca un punto de anclaje que te llene de energía. Es como tu grito de guerra.

Seguramente lo hayas hecho en tu vida en alguna situación, acompañado de un gesto de un brazo, como puede ser cerrar el puño, o los dos, con la máxima tensión.

¿Me sigues?

Cada persona tiene el suyo propio, es una forma de concentrar gran cantidad de energía en un segundo.

Te empodera rápidamente, eleva tu vibración y aumenta la liberación de adrenalina.

Grita "sí puedo", y cuando sientas esa energía, actúa.

Debes repetir esta acción hasta que entre en tu zona de confort.

Si eres una persona capaz de ducharte con agua fría todos los días recién levantado, te aseguro que conseguirás todo lo que te propongas.

Un ejemplo práctico de cómo superar el miedo:

En uno de mis eventos aprendí a superar mis miedos atravesando descalzo un lecho de brasas a 500 grados de temperatura.

Antes de cruzar, estaba temblando, bloqueado, mi mente pensaba que me iba a quemar.

Pensarás que es imposible hacerlo sin quemarte, pues es lo mismo que te está pasando ahora, el miedo te está paralizando, piensas que es imposible avanzar en tu propósito.

No mirar hacia las brasas es la misma comparación que no mirar hacia otro lado que no sea tu objetivo, es decir, no debes mirar hacia el miedo.

Mira hacia el "sí puedo", no hay otra opción.

Repetí el grito de guerra con la vista puesta en el final, el punto de anclaje, y empecé a caminar, y sin darme cuenta estaba en el final. Cuando lo hagas verás que no era para tanto.

¿Cuál es tu objetivo?

Obtener un físico mejor, mejorar la salud, el crecimiento personal, un trabajo mejor, el dinero o incluso mejorar las relaciones;

sea cual sea el área que quieras mejorar, al superar estas situaciones, donde otros han abandonado, tú estás adquiriendo nuevas habilidades, y todo ello te permitirá ir pasando por las fases del camino y conseguir tu propósito.

Si lo deseas podrás ayudar a otros con tu experiencia.

El mundo actualmente necesita de personas que estén dispuestas a ayudar a mejorar la vida de los demás.

Pero primero tienes que ayudarte a ti mismo, convertirte en una persona experta y así poder acompañar a otros cuando te necesiten, no puedes dar lo que no tienes, desde la escasez no se puede ayudar a nadie.

Cuando entiendes que puedes mejorar la vida de los demás es cuando verdaderamente tiene sentido tu existencia, por insignificante que sea tu ayuda.

No tiene por qué ser económica. Pregúntate:

"¿Cómo puedo ayudar?".

Puedes contribuir con tu trabajo, cualquiera que sea que tenga el fin de servir a los demás.

Desde ser fontanero, a ser mecánico, médico, etc., pero todo desde el amor, sin forzar nada, debes amar lo que haces, de lo contrario desistirás.

O incluso puedes ayudar a quien necesite un poco de compañía, dedicarle parte de tu tiempo.

Quédate quieto un segundo, quédate a solas en un lugar tranquilo, cierra los ojos y pregunta a tu interior, a lo más profundo de tu alma, ella sabe la respuesta.

"¿Qué es lo que quiero hacer?", así es como emprenderás TU PROPIO CAMINO.

"Sé tu mejor versión antes de darle lo mejor de ti a los demás".

Del mismo modo que yo quiero hacer contigo en esta fase de la trilogía, darte más herramientas para que puedas tener mejor calidad de vida.

¿Me acompañas?

Y TÚ, ¿RESPIRAS O TE AHOGAS?

Así me pasó a mí. Estuve dos años sin saber hacia dónde iba, con una depresión que me llevó a olvidarme de quién era, a perder la ilusión y las ganas de vivir; en pocas palabras, **me estaba ahogando.**

¿Qué había en mi interior que no me dejaba avanzar?

¿Qué estaba cargando a mis espaldas? Y aunque sí lo sabía, no quería cambiar.

Al final todos pasamos por situaciones parecidas, es un proceso de la vida, son ciclos que son inevitables, y aunque sea muy doloroso no puedes quedarte **sin respiración**. Debes salir adelante y seguir, conectar de nuevo con la grandeza y la pureza de tu ser y volver a encontrar TU PROPIO CAMINO.

En mi búsqueda incesante por ayudarme a mí mismo y ayudar a los demás a mejorar la salud, en una sociedad llena de **"brujos"**, encontré un método que parecía tener buenos resultados, y lo más importante, para dar credibilidad está siendo estudiado por la comunidad científica, algo que para los escépticos cobra especial relevancia.

A mí me ayudó y hoy lo traigo para ti, para que lo apliques y des un paso más en tu bienestar.

Se trata del método WIM HOF.

Así que, para experimentarlo en mis propias carnes, decidí embarcarme en la aventura de cinco días de alta montaña con un gran instructor.

Los ingredientes fueron las aguas heladas de la montaña, respiraciones específicas, meditación y conexión con la tribu (con los demás participantes), algo que, con las nuevas tecnologías, donde rara vez soltamos el teléfono de la mano, es muy complicado.

¿QUIÉN ES WIM HOF?

Wim Hof, más conocido como ICEMAN (el hombre de hielo) es holandés, una persona normal como tú y como yo.

Sufrió un trauma y perdió a su mujer. Ella tenía problemas psicológicos y acabó suicidándose en 1995, quedando al cargo de sus cuatro hijos con una profunda depresión.

Wim Hof comenzó a buscar las respuestas que nadie le daba.

Afirma que la respiración y el frío le llevaron a encontrar la paz interior. No teme a la muerte y su objetivo es revolucionar la fisiología.

Asegura que todos los humanos son capaces de hacer lo mismo que él, aunque como todo en la vida requiere entrenamiento, y este consta de inmersión en frío, técnicas de respiración y meditación.

Una de sus frases más famosas y que le ha enseñado la respiración es la siguiente: **"Sentir es comprender"**.

Primero dice que debemos sentir las sensaciones que manifiesta nuestro cuerpo para darnos cuenta realmente de qué somos capaces.

Debemos sentir las sensaciones, observarlas, pero sin juzgarlas.

De este modo, asegura que con una semana de entrenamiento es capaz de adaptar a cualquier persona para que sea capaz de influir en su sistema inmune.

¿QUÉ DICE LA CIENCIA?

En el año 2011 Wim Hof se sometió a un estudio durante el que le inyectaron una endotoxina bacteriana, desafiando así el mecanismo del sistema nervioso autónomo.

En condiciones normales la inyección debería haber producido una fuerte respuesta inmune, con fiebre, escalofríos y dolores de cabeza, pero la respuesta de Wim Hof fue totalmente distinta.

Fue capaz de suprimir la respuesta, segregando adrenalina, concluyendo así que es posible modificar el sistema inmune de forma voluntaria. Para comprobar que no es un superhombre, los científicos realizaron el mismo protocolo a otras doce personas que él había adiestrado en Polonia con estas técnicas.

La sorpresa llegó cuando vieron que el resultado fue el mismo.

Algo que se consideraba impensable.

No se podía influir en el sistema nervioso autónomo, es decir, que este funciona de forma voluntaria, como respuesta a estímulos. Si no hay estímulo no se puede modificar.

Si te vas a enfrentar a un peligro, tu ritmo cardíaco se eleva, comenzando a segregar adrenalina para afrontar la situación, pero, si estás tranquilo en casa, no se puede modular de forma voluntaria.

Las técnicas de WIM HOF demostraron lo contrario.

Consiguió aumentar la adrenalina de forma exponencial.

DATOS DEL ESTUDIO

Kox M., et al.

"Voluntary activation of the sympathetic nervous system and attenuation of the innate immune response in humans".

El sistema nervioso autónomo y el sistema inmune eran considerados no influenciables de forma voluntaria.

El estudio demuestra que un entrenamiento de diez días de ciclos de respiración, exposición al frío y meditación puede influenciar el sistema inmune y al sistema nervioso simpático.

Administración intravenosa de endotoxinas bacterianas: _(Escherichia coli)_

El resultado del estudio fue:

1—Se produjo un aumento de la liberación de adrenalina, aumentando la producción del marcador antiinflamatorio IL-10 (Interleuquina-10),

2—Disminución de la respuesta de citoquinas proinflamatorias:

— TNFa (Factor de Necrosis Tumoral)

— IL-6 (Interleuquina-6)

— IL-8 (Interleuquina-8)

Los expertos afirman que este control inmunitario podría utilizarse para tratar diferentes patologías asociadas con inflamación crónica, como **la Enfermedad de Crohn y la Artritis Reumatoide.**

Wim Hof trata de demostrar que su método puede mejorar la salud con entrenamiento y compromiso de la persona.

Como te decía al principio del libro, la importancia del compromiso una vez más se pone de manifiesto para mejorar nuestras vidas.

¡¡¡Vamos a ponerlo en práctica!!!

¡¡Sígueme!!

LA RESPIRACIÓN

Vivimos en un mundo de locos en el que todo va deprisa y reina la sensación de ansiedad: o sigues el ritmo o te quedas atrás. Esto te lleva a un sentimiento de frustración continuo porque parece que nunca eres suficiente para lo que exige la sociedad, que no llegas donde otros sí, y la comparación te causa estrés y sentimiento de ahogo, llamado en el mundo moderno **estrés**, y "sobrevive" el que mejor se adapta, triunfa el que mejor sabe manejarlo y convivir con él.

Te has sentido alguna vez identificado con esta sensación, ¿verdad?

No somos capaces de reconocer que la grandeza se encuentra en los pequeños detalles, como puede ser **RESPIRAR.**

Parece que, como no tenemos que pensar en hacerlo, no tenemos que hacer un gran esfuerzo por respirar, no hay que prestarle atención.

La vida es tan maravillosa a la vez que no necesitamos ser conscientes para controlar tal acción, al igual que cientos de procesos y reacciones metabólicas que se dan en el cuerpo humano.

Sería agotador y, sin embargo, no le damos la importancia que requiere.

Como has visto, la respiración puede mejorar la salud.

Dependiendo de cómo respires puede posicionarte en ambas caras de la moneda:

1- Activarte, llenarte de energía, euforia.

2- Llevarte a un estado de relajación posterior en una situación de estrés.

**Algunas personas mediante la hiperventilación logran conectar con lo más profundo de su alma, habiendo reacciones dispares entre los participantes.

La única condición es dejarte llevar y permitir que salgan las emociones al exterior, no intentar controlarlas, y menos juzgarlas, es un sentimiento profundamente liberador.

A unos les da por reír, aumenta su sentimiento de euforia; a otros por llorar, se pueden sentir espasmos musculares.

La respiración puede aumentar la resistencia y la concentración.

Algunos estudios afirman que la intención es un factor que puede predisponer a estos resultados, que las expectativas sobre el resultado juegan un papel fundamental.

El poder de la mente es infinito, lo que piensas o esperas con suficiente intención puede llegar a manifestarse.

A pesar de tener todo esto a mano con unas *"simples respiraciones"*, siempre acabamos repitiendo el mismo patrón y vamos a buscar fuera de nosotros algo que nos ha dado la naturaleza y que tenemos en nuestro interior.

Si en la primera parte de la trilogía era el entrenamiento de fuerza, ahora la pastilla milagrosa que también es gratis y que te ayudará a mejorar tu salud se llama **RESPIRACIÓN.**

¿CÓMO REALIZAR ESTE TIPO DE RESPIRACIÓN?

Se trata de realizar hiperventilación cíclica seguida de retención de la respiración.

Un minuto inspirando más aire que el que expiramos.

1- **Para una correcta realización es más efectivo realizarlo solo con la boca.**

2- **Hazlo sentado o tumbado, dado que empezarás a experimentar mareo y puedes caer al suelo.**

3- **Para llevar un conteo realiza treinta respiraciones completas (inspiración y expiración), que equivalen a un minuto.**

4- Cuando llegues a las treinta respiraciones, en la última *expiración* debes parar la respiración. Aquí verás que puedes estar más tiempo de lo habitual sin respirar. Recuerda que no debes forzar demasiado.

5- A continuación, cuando sientas que debes volver a coger aire, debes realizar una sola ***inspiración y llenar tus pulmones.***

Solo inspirar y volver a retener la respiración, esta vez solo unos quince segundos.

Cuando termines los quince segundos, vuelves a empezar de nuevo el ciclo completo de treinta respiraciones completas.

Cuando te inicies en la práctica te recomiendo que lo hagas acompañado de una persona y puedas ver el tiempo que puedes estar sin respiración, te vas a sorprender.

Vas a experimentar sensaciones diferentes, puedes sentir hormigueo, mareo, euforia, llanto o incluso sentir algo de frío.

Repite el ciclo de treinta respiraciones combinado con retención de respiración tres veces.

Cuando termines un ciclo comienza con el siguiente sin descasar hasta completar los tres.

Puedes hacerlo más veces, pero con un ciclo de tres ya es efectivo.

Como ejemplo, yo he llegado a realizarlo durante una hora seguida, ciclos de hiperventilación seguidos de retención de respiración, sin descansar.

Es una experiencia indescriptible, es como un viaje hacia tu interior. Si realizas la práctica con música y rodeado de otros compañeros, las sensaciones pueden aumentar debido a la energía que genera el grupo.

Resumen:

Treinta hiperventilaciones.

Retención de respiración después de expirar la número treinta, intenta aguantar sin llegar a forzar.

Inspirar una vez más, retención de respiración quince segundos con los pulmones llenos.

Repetir el ciclo anterior, mínimo tres veces.

EXPOSICIÓN A FRÍO

La comodidad es tu enemigo, y nuestros antepasados sabían esto muy bien, pues de haberse mantenido cómodos yo no estaría escribiendo estas líneas ni tú leyéndolas.

No hubieran sido capaces de evolucionar como especie.

Exponerse a los elementos de la naturaleza, como el frío o la lluvia, te ayudará a despertar tu fuerza interior. Seguramente esta esté dormida, pues muy pocas personas se exponen al frío de manera cotidiana **por desconocimiento de la técnica, por incomodidad al frío o por miedo a enfermar, siendo esta última la razón de más peso.**

Tienen un sistema de creencias limitante, el cual es heredado de sus padres, y lo repiten una y otra vez. ***Ante la sensación de frío, corren el riesgo de resfriarse***, y si les da un poco el frío adivina lo que pasa: al día siguiente están enfermos.

En la sociedad actual en la mayoría de los hogares pasamos todo el invierno con la calefacción en casa, a los mismos grados, sin apenas realizar contrastes de temperatura.

Cuando salimos a la calle, lo hacemos cargados de ropa, como si del polo norte se tratase, perdiendo con esto parte de las adaptaciones que tienen nuestros genes, **debilitando nuestro sistema inmune.**

¡El frío contiene muchas enseñanzas!

Pero para poder disfrutar de sus beneficios necesitas estar adaptado, y cuanto más adaptado estés más disfrutarás de él.

¿Cómo disfrutar del frío?

La respuesta es bien sencilla. Es cuestión de cambiar de perspectiva, y una de ellas es poder disfrutar de los paisajes naturales sin que haya nadie a tu alrededor.

Un baño en la playa en pleno invierno o en un río es un placer por el que muchos millonarios pagan, comprando sus playas privadas.

Tú lo tienes al alcance de la mano, la diferencia es que, en vez de bañarte en la playa en verano como todo el mundo, lo haces en invierno.

No necesitas millones de euros para disfrutar de una playa en solitario, necesitas adaptación.

Si no te sientes capacitado para empezar tú solo invita a un amigo o grupo de amigos, ya que el sentimiento de grupo nos fortalece, algo que también hemos heredado de nuestros antepasados.

¡Ante la adversidad, unión!

Esta situación se repite una y otra vez a lo largo de nuestra historia, olvidamos las rencillas personales para luchar unidos por el bien común, se repite hasta en los cuentos.

Supongo que conocerás la frase **"¡¡Todas las ovejas odian al perro pastor hasta que viene el Lobo!!"**.

¿CÓMO ADAPTARSE?

Aunque ya hablé a nivel científico de los beneficios del frío para la pérdida de grasa y la mejora de la salud en la primera parte de la trilogía, *CREA TU FORMA*, te expondré mi vivencia en grupo dentro del agua que te servirá de orientación.

1- Al principio experimentas una fase que es muy mental, sobre el minuto dos, durante la que tu mente intenta controlar la situación y ante la sensación de frío te incita a salir rápidamente.

Si logras concentrarte, mantener el foco de atención en otro punto distinto en vez de juzgar al frío como algo negativo y permites abrirte a la experiencia, atravesarás esa fase primaria de incomodidad, sentirás un estado de calma y lograrás aumentar el tiempo de exposición.

Al estar rodeado de tus compañeros en silencio escuchando el sonido de la naturaleza, formando un círculo en el que tenéis contacto a través de entrelazar vuestros brazos por los hombros, llegarás a sentir el calor corporal del compañero, el sentimiento de unidad aumentará el tiempo de exposición.

2- Ten cuidado y no te quedes solo.

3- Otra sensación que vas a experimentar derivada de la vasoconstricción es similar a si te clavasen agujas en los dedos de los pies y de las manos. Permanece alerta, puede ser hora de salir.

4- Mi sensación final fue que a los ocho minutos empecé a sentir tiritona. Es un mecanismo de contracción muscular involuntario, como una reacción al frío para entrar en calor.

Nunca había sentido esa sensación en mi vida, no podía controlarlo y no podía parar, estuve tiritando alrededor de quince minutos, estaba rozando la hipotermia.

No debes forzarte demasiado, sí mostrar un poco de valentía, pero sin llegar a pasarlo mal.

Tú sabes bien cuándo es el momento de salir del agua.

Puedes ver que tu compañero aguanta más que tú, pero seguramente esté mejor adaptado.

Realiza exposiciones agudas, no crónicas, para que el cuerpo se pueda adaptar.

¡¡El riesgo de hipotermia existe!!

—Incluir un suplemento de Vitamina D3 las dos primeras semanas de exposición al agua fría. La dosis entre 1.000 y 3.000 UI (Unidades Internacionales). Al ser una vitamina liposoluble realiza la administración con una comida rica en grasa.

DIETA CETOGÉNICA

<u>PÉRDIDA DE GRASA.</u>

En la primera parte de la trilogía, *CREA TU FORMA,* expliqué una de las técnicas que mejor resultado me ha dado en mi experiencia personal con todos los atletas que he asesorado, que es la dieta Low-carb o baja en carbohidratos.

En este libro quiero ofrecerte otra herramienta con suficiente base científica, pero con otras particularidades que debes conocer.

Como dije anteriormente, mi intención en este libro es que puedas elegir distintas herramientas para la pérdida de grasa y así a lo largo del año puedas incluirlas en el mismo periodo de definición.

No es milagrosa, ninguna lo es, tiene sus pros y sus contras como toda dieta, simplemente has de probar y ver si se adapta mejor a ti.

Se trata de la dieta **CETOGÉNICA**.

Con la dieta cetogénica ***pondrás en marcha la caldera de la quema de grasa***, pero sí te recomiendo que no la uses durante un largo periodo de tiempo. Es muy efectiva para la pérdida de grasa, sin embargo, no es la dieta más óptima para el rendimiento deportivo.

Incluiré alguna evidencia científica para que llegues mejor al entendimiento y comprendas en qué casos es más o menos aplicable, ya que no es para todo el mundo.

Para no aburrirte con un montón de teoría, intentaré ir al grano para que sea de fácil comprensión, entendible, con un ejemplo práctico.

Para empezar, hay que tener algunos conceptos claros.

Flexibilidad metabólica

Como su propio nombre indica es la flexibilidad o facilidad del metabolismo para utilizar un sustrato energético u otro.

En condiciones normales de funcionamiento, para todas las actividades tu cuerpo debería utilizar con facilidad la grasa y la glucosa, dependiendo de la intensidad de la actividad.

Sabemos que la glucosa es mayormente utilizada para altas intensidades de ejercicio, reservando la grasa para el resto de actividades.

Pero si esta flexibilidad se pierde, tu metabolismo utiliza la glucosa para la mayoría de las actividades, dificultando así a tu cuerpo el acceso a la grasa almacenada.

Los depósitos de glucógeno son limitados, por lo tanto, la falta de glucosa aumenta la sensación de hambre y la energía disminuye al no tener la flexibilidad para recurrir a la grasa como fuente de energía, a pesar de tener grandes cantidades almacenadas en nuestro cuerpo, dificultando la pérdida de la misma.

Con la dieta cetogénica lograrás revertir esta situación, recuperar el funcionamiento normal de tu metabolismo y acelerar la quema de grasa.

Gluconeogénesis

El cerebro gasta un 20 % de energía, y en condiciones normales esta energía proviene de la glucosa.

La glucosa es almacenada en el hígado y en los músculos, pero sabemos que esta reserva es limitada y puede durar aproximadamente un día.

Esto pondría en peligro nuestra evolución si únicamente dependiéramos de la glucosa.

¿Qué pasa cuando no disponemos de glucosa?

Aquí entra en juego la gluconeogénesis, que es la capacidad que tiene el metabolismo de producir glucosa a partir de otros sustratos energéticos, como son los **aminoácidos y el glicerol.**

La gluconeogénesis tiene lugar en el hígado y en menor cantidad en los riñones.

Pero los aminoácidos para formar glucosa provienen de la masa muscular, por lo tanto, no sería lo óptimo, ya que _estaríamos perdiendo masa muscular y con ello capacidades físicas_.

Por este motivo, ante la ausencia de comida, el cuerpo depende de la grasa, teniendo gran capacidad de almacenamiento.

Aquí es donde empieza la cetosis.

Conforme se agota la glucosa el cuerpo empieza a utilizar la grasa como fuente energética.

A través del metabolismo de la grasa surge un nuevo combustible, los ***cuerpos cetónicos***, capaces de atravesar la barrera hematoencefálica con mayor facilidad que la grasa, sirviendo de energía para nuestro cerebro. Este proceso es llamado **cetogénesis**.

Cuando el cuerpo entra en cetosis, los cuerpos cetónicos representan el 70 % de la energía del cerebro en estas condiciones.

Gracias a la gran reserva de grasa de nuestro cuerpo podríamos sobrevivir un largo periodo de tiempo sin comer, incluso meses, de ahí la gran pérdida de grasa que produce la **dieta cetogénica.**

Muchos autores han popularizado este tipo de dieta, pero quizá el más conocido sea el Doctor Robert Atkins, con la famosa Dieta Atkins.

Pero otros autores también realizaron alguna variante. Como practicante de culturismo de competición llegó a mis manos el libro *La dieta anabólica*, de Mauro Di Pasquale.

Dipasquale proponía una variante de la dieta cetogénica para culturistas con el fin de lograr un porcentaje de grasa bajo de cara a la competición.

La dieta cetogénica mermaba la energía de los culturistas para realizar entrenamientos efectivos.

El autor realizó una variante, que era combinar ciclos de dieta cetogénica con periodos de carga de carbohidratos para rellenar los depósitos de glucógeno y así conseguir elevar el rendimiento en el entrenamiento.

De este modo, esta dieta no solo ayuda a la reducción de peso, sino que la evidencia científica la avala para mejorar la salud y diversas patologías.

Se utiliza entonces para reducir los ataques de epilepsia, también en enfermedades neurodegenerativas ha demostrado sus beneficios y en la diabetes, e incluso en tratamientos contra el cáncer para paliar los efectos negativos del tratamiento, como puede ser la quimioterapia.

Actualmente se siguen realizando estudios para poder realizar sinergia junto con los tratamientos médicos y mejorar la vida del paciente.

¿Cómo entrar en cetosis?

Conforme aumenta el periodo de ayuno, a partir de dieciséis horas en adelante, los depósitos de glucógeno empiezan a agotarse, y aquí es cuando empieza la **gluconeogénesis.**

El cuerpo produce glucosa a partir de aminoácidos musculares, y para evitar la pérdida de masa muscular se pone en marcha la producción de los cuerpos cetónicos, y así se suple la falta de glucosa.

La liberación de los cuerpos cetónicos al torrente sanguíneo es un mecanismo de adaptación *para la protección de la masa muscular*.

Como expliqué en la primera parte de la trilogía, durante las primeras horas de ayuno se produce una elevación de los aminoácidos ramificados (BCAA) en sangre.

No hay que confundir esta elevación de dichos aminoácidos en sangre con el aumento de la masa muscular.

Al revés, dicha elevación pone de manifiesto la degradación de los aminoácidos del músculo.

De hecho, a continuación, como mecanismo de defensa del cuerpo, se produce una elevación de los cuerpos cetónicos para proteger la masa muscular, descendiendo en sangre dichos aminoácidos.

<u>Por eso, desde las primeras horas de ayuno hasta que se produce la cetosis, se puede perder algo de masa muscular, aunque es una cantidad mínima.</u>

Recordemos que la glucosa eleva la insulina, que es segregada por el páncreas, y a su vez la insulina inhibe la movilización de la grasa.

La otra hormona segregada por el páncreas es el glucagón, que disminuye el glucógeno hepático, produciéndose más cuerpos cetónicos a medida que desciende el glucógeno.

De ahí que, cuando aumenta el periodo de ayuno, la insulina se encuentra baja, el glucagón alto y disminuyen las reservas de glucógeno, produciéndose los cuerpos cetónicos.

¿EN QUÉ CONSISTE LA DIETA CETOGÉNICA?

La cetosis es un cambio metabólico mediante el que el cuerpo pasa de utilizar la glucosa como fuente energética a utilizar ácidos grasos y cuerpos cetónicos.

Esta se inicia cuando hay **periodo de ayuno prolongado o cuando los niveles de glucosa son muy bajos durante un periodo de tiempo.**

La dieta cetogénica lo que pretende es mantener el nivel de cuerpos cetónicos alimentando tu cuerpo sin necesidad de estar en ayunas, evitando así la pérdida de masa muscular, que produciría un ayuno prolongado.

Es decir, mantener un aporte de beta-hidroxibutirato entre 0,5 y 3 mmol/L.

Hay que diferenciar el estado de <u>cetosis</u> del término <u>cetoacidosis</u>.

La dieta cetogénica (cetosis nutricional) mantiene unos niveles de beta-hidroxibutirato hasta 3 mmol/L.

Mediante la ***cetoacidosis*** el cuerpo llegaría a una concentración excesiva de cuerpos cetónicos en sangre, por encima de 10 mmol/L, disminuyendo el pH sanguíneo, **entrando en acidosis, poniendo en riesgo la vida.**

La cetoacidosis se da más comúnmente en diabéticos tipo 1 que no tienen producción de insulina, y es por ello que se conoce como **Cetoacidosis diabética.**

Son tres los cuerpos cetónicos: la **acetona, el acetoacetato y el beta-hidroxibutirato,** siendo este último el mayor combustible del cerebro.

La acetona no se puede usar como energía, se elimina por la respiración, y de ahí el mal aliento de las personas que están realizando este tipo de dieta.

Los órganos que más cuerpos cetónicos utilizan son el corazón y el **cerebro principalmente**, dejando paso progresivamente a los músculos para utilizar ácidos grasos.

El más abundante en el proceso de cetosis es el beta-hidroxibutirato (BHB).

¿Cómo saber si estás en cetosis?

Hay varios procesos de medición: sangre, orina y aliento.

Medición en orina:

Se encuentran las tiras reactivas de acetoacetato en orina, que es el método más utilizado y más económico.

Pero hay que tener cuidado con las mediciones, ya que pueden llevar a error y, por tanto, hacernos creer que no estamos en cetosis.

A medida que el cuerpo se adapta a la cetosis durante los primeros días, las tiras marcarán un color rojizo, indicando la cantidad de acetoacetato presente en la orina.

Si no marcan el color esperado en la tabla de medición del producto, probablemente debas ajustar el carbohidrato de tu dieta y **disminuir el aporte**, pues seguramente aún no has entrado en cetosis.

A medida que pasan las semanas el cuerpo aprovecha más cantidad de acetoacetato como sustrato energético, eliminando menos cantidad por la orina.

Cuando vayas a repetir las medidas y den resultado negativo, pensarás erróneamente que ya no estás en cetosis, y, por tanto, esto puede llevarte a error y hacer que tomes una decisión equivocada.

Recuerda que la cetosis mide los cuerpos cetónicos en sangre y la orina detecta una sobreproducción de acetoacetato, dejando de detectarse en orina a medida que el cuerpo lo aprovecha.

Esta decisión puede ir **mal encaminada a aumentar el consumo de grasas** con el fin de que las pruebas de cuerpos cetónicos den positivo, y que por ello **aumentes la ingesta de calorías, llevándote al estancamiento en la pérdida de grasa.**

Medición en sangre:

El betahidroxibutirato se mide en sangre mediante un aparato que porta una tira reactiva a la sangre, y, aunque este método de medición es más fiable, es más engorroso debido a que se mide mediante un leve pinchazo en la yema del dedo.

Medición en aire:

Como dije anteriormente, parte de la acetona se libera a través del aliento, provocando un olor desagradable, y existe un dispositivo que mide la cantidad de acetona en aliento.

Una vez explicadas estas tres formas de medir si estás en cetosis, la más recomendable es la tira reactiva de orina; pero no debes obsesionarte con las mediciones, controla al principio si estás en cetosis y después deja de obsesionarte con las mediciones y centra tu atención en el proceso.

Incluso gran cantidad de personas logran buenos resultados sin necesidad de realizar mediciones, pero llevando la dieta al máximo cumplimiento.

Hay que tener cuidado con la interpretación de las mediciones, ya que un nivel más elevado de cuerpos cetónicos no indica que estés eliminando más grasa, pues parte de esos cuerpos cetónicos pueden venir de la grasa que estés ingiriendo a través de la comida y no de la grasa almacenada en tu cuerpo.

Por lo tanto, no sabes si estás perdiendo más o menos grasa.

CETOADAPTACIÓN

La **cetoadaptación** se produce después de experimentar varias fases:

—Primera fase

Comienza con el inicio de la dieta, momento en el que empieza a aumentar la producción de cuerpos cetónicos, desaprovechándose gran cantidad de ellos.

En el comienzo de esta primera fase, la gran mayoría de practicantes afirma experimentar síntomas **parecidos a la fiebre:**

- Mareo.

- Problemas de estómago.

- Taquicardia.

- Palpitaciones.

- Dolor de cabeza.

- Falta de energía en el entrenamiento.

- Problemas para dormir.

- Peor rendimiento mental.

- Antojos.

Puedes experimentar alguno o todos estos síntomas, pero dependiendo de tu **flexibilidad metabólica** *(la facilidad de tu organismo para pasar de utilizar un sustrato energético a otro)* variará el tiempo.

Normalmente antes de una semana dejas de experimentar estos síntomas, alargándose en algunas personas con mala flexibilidad incluso hasta dos semanas o algo más.

—Segunda fase

Prácticamente los cuerpos cetónicos alimentan el cerebro y los ácidos grasos el músculo.

En este periodo es normal que tengas molestias a nivel digestivo, pues también es necesaria una adaptación. Además, como consecuencia del alto consumo de grasas de la dieta el hígado necesita aumentar la producción de bilis.

Puede que se produzca un cambio en la flora intestinal.

- Aumenta la ***biogénesis mitocondrial***, que es la creación de nuevas mitocondrias.

Una mayor cantidad y funcionalidad de las mitocondrias nos producirá una **mayor pérdida de grasa.**

La mitocondria es el orgánulo celular donde se oxida la grasa.

- **Disminuye la inflamación corporal:** el cuerpo empieza a desinflamarse y a perder líquidos.

La mayoría de enfermedades guardan relación con una inflamación crónica de bajo grado: ***obesidad, diabetes, enfermedad coronaria, cáncer, depresión, enfermedades autoinmunes, enfermedades neurodegenerativas, etc.***

La dieta cetogénica es una gran aliada en la lucha contra estas patologías.

- Se produce una **disminución de la sensación de hambre.**

—Tercera fase

Ya estás cetoadaptado.

Tu cuerpo ya no sufre los efectos negativos de esta dieta que haya podido sentir en la primera fase.

Estarás experimentando un nivel de saciedad mayor, llevándote a comer menos, y será más fácil establecer el déficit calórico y, por tanto, perder grasa.

<u>*El hambre es el gran enemigo de las dietas de pérdida de grasa.*</u>

La sensación de hambre que puedas experimentar en otros protocolos, **con la dieta cetogénica será menor,** probablemente por el alto consumo de grasas y el efecto supresor del apetito que muestran los cuerpos cetónicos.

Recuerda que, al inicio de la dieta, puede que la sensación de hambre aumente hasta que tu cuerpo se adapte al nuevo sustrato energético.

Mejora la sensibilidad a la insulina:

Debido a la reducción de la inflamación de bajo grado y a niveles bajos y estables de glucosa, disminuye la liberación de insulina, mejorando la sensibilidad de los receptores.

Los entrenamientos vuelven a ser efectivos, aunque según la evidencia científica no es la opción óptima si lo que estás buscando es aumentar tu rendimiento.

La dieta cetogénica es un protocolo más adecuado para la pérdida de grasa.

Esto no quiere decir que no puedas obtener buenos resultados en tu entrenamiento, pero a día de hoy la literatura científica muestra mayores beneficios a una dieta donde predomine el carbohidrato.

RESUMEN

- Menor sensación de hambre.

- Mayor pérdida de grasa.

- Biogénesis mitocondrial.

- Disminución inflamación de bajo grado.

- Mejora la sensibilidad a la insulina.

- Aumenta la concentración.

Antes de seguir, es importante recordar las claves de *toda dieta de pérdida de grasa:*

- Adherencia.

- Alimentos de calidad.

- Déficit calórico.

Factores en contra de la dieta cetogénica:

Vamos a revisar qué dice la ciencia.

"La adherencia a cualquier programa dietético es un factor crítico en su éxito".

Bray y Siri-Tarino, 2016

Las dietas para tratar la obesidad han existido desde que Hipócrates trató esta enfermedad hace unos dos mil quinientos años.

Actualmente hay una amplia variedad de dietas y la idea errónea común de que una sola dieta mágica puede curar el sobrepeso y la obesidad.

Las revisiones sistemáticas y los metanálisis indican que todas las dietas funcionan cuando se cumplen y que la pérdida de peso inicial puede predecir la cantidad de peso perdido y mantenido durante hasta cuatro años.

Por lo tanto, *las preferencias individuales son clave en la selección de una dieta.*

Hay datos emergentes que señalan la variabilidad genética en las respuestas metabólicas a la variación en la ingesta de macronutrientes.

¿En qué escenarios se adhieren las personas a la dieta cetogénica?

En estudios científicos hay tres escenarios comunes donde las personas se adhieren bien a la dieta:

1- Personas altamente motivadas (atletas de élite).

2- Estudios donde se proporciona comida a los participantes.

3- Personas en salas metabólicas (p. ej.: hospitales), donde los investigadores monitorean de cerca a los participantes, quienes solo pueden comer la comida que les dan.

Estos dos últimos casos son de adherencia forzada, no tienen aplicación práctica en la vida real.

Generalmente las personas comienzan con mucha fuerza, pero después de **entre uno y tres meses tienen problemas para adherirse**, *aumenta entonces su ingesta de carbohidratos y, por tanto, disminuye el nivel de cetonas, en particular en las personas con sobrepeso.*

RESUMEN

Debes probar diferentes dietas y ver cuál te cuesta menos seguir.

Una dieta alta en proteínas siempre es una buena opción si tus objetivos incluyen pérdida de grasa, ganancia muscular y/o mejor saciedad.

De ahí la importancia de incluir un nivel elevado de proteínas en la dieta cetogénica.

Se realizaron comparaciones de los **estudios**, y tanto la dieta cetogénica como los grupos de control mostraron una tasa del **24 % de abandono en ambos casos, sin existir apenas diferencias entre ellas.**

Todavía no sabemos si las dietas cetogénicas son más fáciles o más difíciles de cumplir en comparación con otras dietas.

Sabemos que las personas luchan por adherirse a *todas las* dietas a lo largo del tiempo, y a algunas personas les va muy bien con algunas dietas, pero no sabemos por qué.

En un contexto real, y bajo mi experiencia en la práctica diaria, la dieta cetogénica muestra más

problemas de adherencia y mayor tasa de abandonos que una dieta baja en carbohidratos.

La dieta cetogénica es apta para la mayoría de las personas, pero existen algunos casos en los que es mejor que consultes a tu médico antes de realizarla:

Niños en edad de crecimiento y mujeres embarazadas.

Hay que resaltar que estar en cetosis no significa estar en déficit calórico, pero la sensación de hambre disminuye, y con ello la ingesta de calorías, no siendo recomendable disminuir el aporte de energía en casos de crecimiento.

Como no hay estudios en estas poblaciones, es mejor no suprimir el carbohidrato.

- **Diabéticos tipo 1.**

- **Personas que sufren de gota.**

- **Si estás tomando algún medicamento, por la posible interacción.**

MACRONUTRIENTES DE LA DIETA CETOGÉNICA

La dieta cetogénica es una dieta alta en grasas, muy baja en carbohidratos y moderada en proteína:

5-10 % de carbohidratos.

20-30 % de proteínas.

70-80 % de grasas.

Carbohidratos:

Este es el macronutriente clave de esta dieta que más debes controlar, pues es esencial para mantenerte en cetosis, y para ello debes establecer un nivel de ingesta correcto.

Como siempre, es muy variable dependiendo de la persona, pero se establece un **máximo de 0,5 gramos netos diarios por kilo de peso corporal.**

EJEMPLO:

Hombre: 100 kilos x 0,5 = 50 gramos netos diarios.

Mujer: 50 kilos x 0,5 = 25 gramos netos diarios.

A partir de aquí es recomendable durante los primeros días de dieta cetogénica realizar las pruebas de medición de cuerpos cetónicos con las tiras reactivas de orina (es la medición más sencilla y económica) para saber si realmente estás en cetosis o, por el contrario, estás consumiendo demasiados carbohidratos y tienes que disminuir la ingesta.

Igual que en el caso de la proteína, si eres una persona con obesidad debes calcular el aporte de carbohidratos sobre el peso objetivo que deseas alcanzar, de lo contrario puede que estés consumiendo demasiados carbohidratos.

Ejemplo: si tienes un peso actual de 100 kilos y tu peso objetivo es de 80 kilos, debes calcular el nivel de proteína sobre los 80 kilos.

Peso objetivo 80 kilos x 2 gramos proteína/kilo/día = 160 gramos netos al día.

Peso objetivo 80 kilos x 0,5 gramos carbohidratos/ kilo/día = 40 gramos netos.

La fibra y el almidón resistente no hay que contarlos, ya que la gran mayoría no se absorbe, solo sirven de alimento para nuestras bacterias intestinales.

¿Qué tipo de carbohidratos comer?

Ante el umbral muy bajo de ingesta de carbohidratos que requiere esta dieta es fácil pasarte del máximo diario.

Hay que ser especialmente cuidadoso con esto, por lo que habrá que eliminar ciertos alimentos.

El aporte de carbohidratos diario debe proceder mayormente de la **verdura.**

Eliminar alimentos:

- Patata, boniato, legumbres, guisantes, cereales.

- Frutas: la gran mayoría por su alto aporte de carbohidratos.

- Zumos: ultraprocesados y naturales.

La forma de obtener máximos resultados en la dieta cetogénica es acompañar tus platos con vegetales, que *aportan vitaminas, minerales, pocos carbohidratos y fibra, mejorando la saciedad.*

La dieta cetogénica provoca en algunas personas estreñimiento, de modo que el consumo de verduras te ayudará a mejorarlo, pero si no mejora más adelante te daré otras alternativas.

Tipos de vegetales:

- Lechuga

- Pepino

- Espárragos

- Judías verdes

- Calabacín

- Brócoli

- Espinaca

- Champiñones

- Berenjena

Tipos de fruta:

- Aguacate

- Tomate

- Fresas

- Coco

- Frutos rojos (moras, frambuesas)

Aunque se podrían comer otras frutas, no es recomendable.

Sobrepasar el límite máximo de ingesta de carbohidratos diario es relativamente sencillo.

Si decides introducir alguna fruta, revisa antes las calorías.

Proteínas:

En este macronutriente es donde pueden fallar muchas personas. Establecer un nivel de proteína entre **1.6 y 2 gramos por kilo de peso corporal al día _es clave_ para llevar cualquier dieta de pérdida de peso con éxito**, y la dieta cetogénica no iba a ser menos.

Comúnmente esta dieta se centraba en las grasas altas y carbohidratos bajos sin darle importancia a este macronutriente.

Para una exitosa composición corporal la recomendación de la Organización Mundial de la Salud es **insuficiente**.

Un rango de 0,8 gramos por kilo de peso corporal al día está indicado para personas sedentarias.

El músculo en su mayoría está compuesto por agua y después por proteína.

Incluir un nivel óptimo de proteína en la dieta cetogénica aporta varias ventajas, como la **saciedad y el efecto térmico**.

Un consumo alto de proteínas te ayudará a mejorar la saciedad.

Si se trata de **luchar contra el hambre**, y hemos dicho que la dieta cetogénica es superior a las demás, la sinergia con la proteína elevada aumentará la adherencia al plan.

El proceso de digestión, absorción y asimilación de la proteína es mayor que en el carbohidrato o la grasa, invirtiendo más energía y eliminando más calorías.

Construcción muscular:

No solo queremos perder peso, queremos perder grasa, y en la medida de lo posible hay que mantener la masa muscular.

Junto con el **entrenamiento de fuerza, la proteína se torna el macronutriente esencial.**

Tipos de proteína:

Puedes incluir varias fuentes de proteínas, pero especialmente las **legumbres en esta dieta NO son recomendables por su aporte de carbohidratos, al igual que los guisantes**.

La base de proteínas debe ser:

- Huevos.

- Pescados azules y blancos y marisco.

- Carne blanca, carne magra.

Eliminar:

- Carnes procesadas, fiambres (entre ellos pavo) y embutidos.

- Estas carnes contienen almidones y azúcares, por lo que hay que eliminarlas.

¿Se puede incluir suplementación de proteína?

Como dije en *CREA TU FORMA*, el primer tomo de esta trilogía, la inclusión en la dieta de un suplemento de proteína no es necesaria, y en este tipo de dieta menos aún, pero puede ayudarte a crear adherencia si no eres capaz de llegar a tus requerimientos diarios de proteína.

La suplementación con proteína viene cargada con el aminoácido leucina, que es capaz de elevar la insulina, además de su velocidad de absorción por su fácil digestión.

Debes priorizar la proteína animal, pero si no llegas al total diario puedes introducir un batido, pero no abuses, ya que corres el riesgo de salir de la cetosis.

OBSERVACIONES REALES:

En la práctica realizada con las mismas personas en diferentes meses del año (enero cuatro semanas y octubre cuatro semanas) se utilizó el mismo protocolo de dieta, con igualdad de calorías y mismas variables de entrenamiento, pero con una excepción.

En la primera dieta (enero) sí había consumo de proteína de suero y en la segunda dieta (octubre) no.

Al sustituirse la proteína suero por carne, se observó mejores resultados en la composición corporal y mayor definición muscular cuando <u>NO SE INTRODUCÍA PROTEÍNA DE SUERO</u>, probablemente mediada por la acción del aminoácido leucina, capaz de señalizar la producción de insulina.

Aunque es difícil de encontrar, dada la poca demanda en el mercado, hay algo de **suplementación de proteína especial para dieta cetogénica**, pero por su particularidad tiene un precio elevado y no la recomiendo.

Son combinaciones de proteína de suero con altas cantidades de grasa, normalmente triglicéridos de cadena media por su rápido aporte de energía.

Grasas:

La grasa es el macronutriente mayoritario de esta dieta.

Cuando realices la composición de macronutrientes de la dieta, establece primero el carbohidrato, después la proteína y el resto de calorías para la grasa.

Prioriza alimentos animales, pero puedes añadir en esta dieta otros alimentos ricos en grasa:

- Huevos

- Carnes

- Aceite oliva virgen extra

- Aceite de coco

- Aceite de aguacate/aguacate

- Mantequilla

- Frutos secos

¿Cómo iniciarse en una dieta cetogénica?

Este es un fallo que cometen la mayoría de las personas: pasar de un alto consumo de carbohidratos a uno muy bajo.

Llevamos años abusando del consumo de carbohidratos (pan, pastas, arroces, ultraprocesados, etc.), y con ello se pierde la flexibilidad metabólica.

El cuerpo siente la necesidad del carbohidrato, y como la ingesta es mínima debe acostumbrarse a utilizar el nuevo sustrato, **grasa y cuerpos cetónicos**, _provenientes de la dieta y de las grasas almacenadas_.

Gracias a ello, al inicio de una dieta cetogénica, en la primera semana, efectos parecidos a la fiebre suelen aparecer en la mayoría de las personas.

Y aunque en gran medida no se pueden evitar, sí que podemos realizar varias estrategias diferentes para paliar los síntomas.

Realizar una transición:

Consiste en no pasar directamente a las cantidades de carbohidratos de una dieta cetogénica (menos de 50 gramos diarios).

Es importante en este caso realizar una semana o dos de transición, disminuyendo progresivamente la ingesta de carbohidratos, facilitando la adaptación de tu organismo a las cantidades mínimas de este macronutriente y, por tanto, minimizando los posibles efectos de la fiebre cetogénica.

No es obligatorio este paso y depende de la urgencia que tengas en perder grasa, pero recuerda que las prisas no son buenas, realizar una transición te hará el proceso más llevadero.

¿Cómo tratar los efectos de la fiebre cetogénica?

Hayas o no realizado la transición puede que experimentes alguno de los síntomas, y uno de los efectos más notables es la falta de energía los primeros días, así como mareos, cansancio, pérdida de rendimiento en el entrenamiento, etc.

Esto se debe a la pérdida de **electrolitos, mayormente sodio, potasio, magnesio.**

Cuando iniciamos esta dieta, ante la falta de hidrato de carbono se produce una **pérdida** de las reservas de **glucógeno acompañada de agua**, y por ello es importante recordar que cada gramo de glucosa muscular se almacena con 3 y 4 gramos de agua, de forma que también se pierden los minerales antes mencionados.

Sodio:

Gran parte de estos síntomas se minimizan aportando, sobre todo, **sodio.**

Por ello los primeros días debes aumentar la ingesta de agua y de sodio.

Eleva el consumo de **sal a 10 gramos diarios** hasta que te hayas adaptado.

Cada gramo de sodio equivale a dos gramos de sal aproximadamente.

Ejemplo: 10 gramos de sal equivalen a 5 gramos de sodio aproximadamente.

Potasio:

El consumo de potasio puedes cubrirlo aumentando la ingesta de aguacate, salmón y frutos secos, pero puedes hacerlo también con un suplemento de potasio, entre **500-1.000 miligramos al día.**

Magnesio:

Introduce un suplemento de magnesio los primeros días, **<u>500 miligramos diarios una hora antes de acostarte.</u>**

Como verás a continuación, el magnesio produce varios efectos.

Problemas digestivos:

- La ingesta de grasas se eleva drásticamente al inicio de la dieta cetogénica, forzando al hígado a producir más cantidad de bilis para adaptarse a la nueva situación.

- Puede cambiar la flora intestinal. Hasta que se produce la adaptación, puede aparecer dolor estomacal. Si no mejoran los síntomas puedes utilizar un suplemento de probióticos y prebióticos.

- Durante la adaptación puede aparecer estreñimiento, derivado de la pérdida de agua inicial y electrolitos. Este es otro motivo para aumentar la ingesta de agua y minerales, y el magnesio puede ser de gran ayuda, ya que tiene **efecto laxante** y puede paliar esta situación.

Problemas para conciliar el sueño:

La falta de electrolitos puede perjudicar el descanso, aumentando los niveles de cortisol y dificultando la pérdida de grasa.

Utilizar un suplemento de magnesio una hora antes de acostarte te ayudará a mejorar el sueño nocturno por su **efecto relajante**.

Como has visto el magnesio tiene multitud de efectos, entre ellos, laxante y relajante, por tanto, puedes utilizar 500 miligramos diarios una hora antes de acostarte.

CONSIDERACIONES FINALES

Te he mostrado los beneficios de la dieta cetogénica en la salud y la pérdida de grasa.

Según la evidencia, utilizar demasiado tiempo la dieta cetogénica puede hacerte perder tolerancia al carbohidrato.

Por eso te recomiendo que la utilices unas semanas y, cuando hayas mejorado, vuelvas de nuevo a introducir los carbohidratos.

Son recomendaciones basadas en la ciencia, pero siempre cuenta el factor individual. Si te encuentras cómodo con esta dieta, te crea adherencia y sigues perdiendo grasa, puedes seguir utilizando este protocolo.

Aunque ahora está de moda, como dije al principio del libro, **no existe la dieta milagrosa.**

RESUMEN FINAL

La adherencia a la dieta cetogénica es menos favorable en la mayoría de estudios y poco realista en la práctica en comparación con una dieta Low-carb (baja en carbohidratos).

La ingesta de carbohidratos de una dieta cetogénica está por debajo de 50 gramos al día, mientras que una dieta Low-carb ronda una media de 100 gramos al día (el doble que una dieta cetogénica), SIENDO MÁS REALISTA, y su adherencia ha sido demostrada en muchos estudios.

La dieta cetogénica es muy popular y funciona muy bien para algunas personas, pero no es la solución para todos.

Prueba la opción que mejor te funcione.

¿Cómo salir de la dieta cetogénica?

Igual que para entrar en cetosis se debe realizar una fase de transición, para minimizar los efectos de la fiebre cetogénica al salir de la cetosis habría que llevar a cabo un protocolo llamado **dieta INVERSA, que _consiste en una subida paulatina de las calorías y de los hidratos de carbono_.**

- *La dieta hipocalórica produce ralentización del metabolismo. Para evitar una rápida acumulación de grasa, se aumenta la ingesta de hidratos de carbono poco a poco.*

- *Todo ello conlleva un peor metabolismo de los hidratos de carbono, producido por la ingesta mínima durante el tiempo de cetosis, y una mayor adaptación a la utilización de los ácidos grasos por parte del organismo.*

Al salir de la cetosis y elevar de nuevo la ingesta de hidratos de carbono se va a producir una ganancia de peso.

Esta ganancia se debe a la acumulación de glucógeno y agua.

Cada dieta tiene sus peculiaridades; todas muestran beneficios en la pérdida de grasa, pero siempre fallamos en la adherencia, y en la práctica la **dieta cetogénica muestra menos adherencia.**

¿Dónde radica el problema?

Claro que en todo esto **influye el factor hormonal, los efectos de la fiebre cetogénica al inicio de la**

dieta o la falta de carbohidrato durante el proceso, y todo ello nos puede hacer el camino más difícil, pero parte del fallo es nuestro.

Debemos ser sinceros con nosotros mismos y saber que *nada va a ser fácil.*

Nos ponemos excusas para abandonar cuando se empina la cuesta y tratamos de convencernos de que la culpa es de la dieta para sentirnos mejor, y **puede ser que sea así, pero abandonamos demasiado rápido,** pasamos a otro plan o a otro preparador deportivo pensado que será más fácil, y volvemos a caer en el error.

Y por supuesto que **los efectos son reales y las excusas muy racionales, y en gran medida no se pueden evitar**, pero depende de nuestra mentalidad, de nosotros y de cómo actuemos ante lo que nos sucede.

Así lo hizo el siguiente protagonista, un ejemplo más de que, si realmente quieres, encontrarás la manera.

Este es **Jim Thorpe**.

Si te fijas en la foto, lleva zapatos y calcetines diferentes.

Eran los Juegos Olímpicos de 1912, y Jim, un nativo americano de Oklahoma, representó a Estados Unidos en la pista.

En la mañana de las competiciones le robaron los zapatos, pero Jim **no se detuvo** y encontró unos zapatos en un contenedor de basura.

Uno de los zapatos era demasiado pequeño y el otro era demasiado grande, y tuvo que usar un calcetín extra, pero el resultado fue que Jim ganó dos medallas de oro.

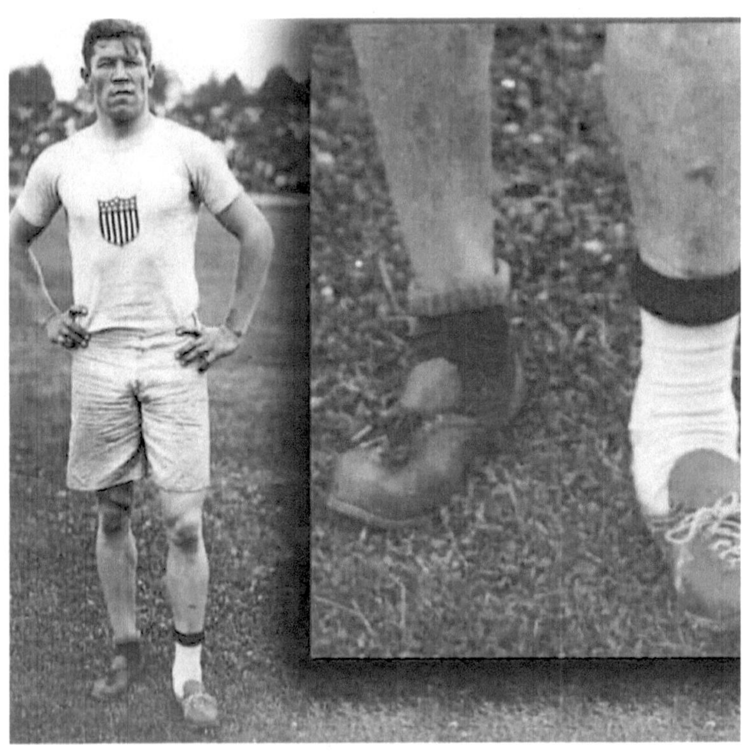

¿Cuál es tu excusa?

VOLUMEN MUSCULAR

Te he propuesto en la trilogía varios enfoques de pérdida de grasa para que puedas probar y ver cuál se adata mejor a ti.

Pero llegado a un punto de definición óptimo, es hora de pasar a la fase de crecimiento muscular.

Hay varios fallos que se cometen al afrontar una fase de volumen:

1- Cuándo empezar la fase de volumen.

2- Cuál es su duración.

3- Cuál es la composición de macronutrientes.

4 Suplementación con evidencia científica.

A todos nos gusta lucir un buen cuerpo, es nuestra carta de presentación en cualquier situación.

"Nunca hay una segunda oportunidad para causar una primera buena impresión".

OSCAR WILDE

Para desarrollar masa muscular generalmente es necesario **entrenar la fuerza y crear un superávit calórico,** aunque hay algunas situaciones en las que se puede crear masa muscular sin estar en superávit, como es el caso de las personas obesas, los novatos, etc.

En el libro *CREA TU FORMA* detallé todos los beneficios del entrenamiento de fuerza, pero haré un breve resumen.

BENEFICIOS DEL ENTRENAMIENTO DE FUERZA

—Aumenta la supervivencia ante un cáncer, mejorando la caquexia y con ello la calidad de vida del paciente.

—Induce a la formación de hueso.

—Ayuda a estabilizar las articulaciones y la espalda, evitando golpes y caídas.

—Aumenta la testosterona, hormona del Crecimiento (GH), factor de crecimiento insulínico tipo 1 (IGF-1), aumentando la cantidad y calidad de la masa muscular.

—Aumenta el metabolismo basal, elevando el gasto de calorías.

—Aumenta la función cognitiva, produciendo una serie de endorfinas que generan un estado de bienestar, mejorando estados depresivos.

—Disminuye el riesgo de diabetes, mejora la sensibilidad a la insulina y aumenta la captación de glucosa por parte de los músculos, evitando que se acumule como tejido graso.

—Mejora la sensibilidad a la leptina, mejorando las señales de saciedad cuando comes, ayudando a luchar con el sobrepeso.

—Aumenta la oxidación de las grasas.

—Reduce la inflamación crónica de bajo grado. (No hay que confundir con la inflamación aguda que se produce después del entrenamiento, la cual desencadena los procesos de reparación y crecimiento muscular).

—Mejora la capacidad antioxidante.

—Actúa como modulador del sistema inmune.

—Menor enfermedad cardiovascular, reducción de la presión arterial, mejor perfil de colesterol.

Los cardiólogos recomendaban largas sesiones de aeróbicos para reducir el riesgo cardiovascular, y ahora ha cobrado protagonismo el entrenamiento de fuerza.

¿Cuándo empezar una fase de volumen?

El culto al cuerpo es una práctica muy extendida, tener un cuerpo musculado representa un símbolo de poderío, confianza, seguridad y respeto. Pero más allá de la imagen proyectada, como he expuesto en el cuadro de arriba, a nivel interno el **músculo es sinónimo de salud, así que no solo importa desarrollar la cantidad, también la funcionalidad.**

Cuando empezamos en el gimnasio tenemos muchas ganas de evolucionar y crecer, tener unos músculos grandes los chicos y las chicas una figura de revista, con un buen glúteo y poca grasa.

Empezar con ilusión, divertirte y, sobre todo, saber lo que haces podrá acelerar tu proceso o frenarlo.

Dependiendo del porcentaje de grasa corporal que tengas, las recomendaciones son distintas, no es lo mismo una persona delgada que obesa.

Un error común que cometen muchos practicantes es empezar una fase de crecimiento muscular con un porcentaje de grasa <u>muy elevado</u>.

Al inicio de una fase de volumen, como máximo deben estar los <u>hombres en el 15 %</u> de grasa corporal y las <u>mujeres en el 23 %</u>, para que haya un margen de mejora sin empeorar rápidamente la composición corporal.

<u>NOTA:</u> ***<u>hay un 8 % de diferencia entre hombres y mujeres para el equivalente de grasa corporal.</u>***

Si estás muy por encima de los porcentajes antes indicados, esto te puede llevar a la confusión y a creer que todo el aumento de peso es de masa muscular, cuando no es así, por lo que si empiezas con gran cantidad de grasa gran parte de las calorías se acumularán en forma de tejido graso.

Aquí radica la diferencia: no es lo mismo aumentar el peso que aumentar la masa muscular, son dos cosas totalmente distintas, y lo que interesa es el crecimiento muscular con la menor cantidad de grasa posible.

-Si es tu caso y tienes un porcentaje elevado por encima del antes indicado *(15 % hombres o 23*

%mujeres), sin llegar al sobrepeso (27-35 %), la recomendación es que hagas una fase corta de pérdida de grasa, sin llegar a ser un periodo de definición como tal.

Baja tu porcentaje de grasa **como mínimo** hasta el *15 % (hombres) o 23 % (mujeres)* para poder empezar, o **como máximo hasta el 12 % (hombres) o 20 % (mujeres),** ya que por debajo de este umbral aumentaría el hambre considerablemente, y cuando empieces la fase de volumen ganarás peso más rápidamente y la predisposición a ganar grasa será mayor.

El protocolo se llama Minicut (minicorte), y consiste en un periodo de cuatro a seis semanas de definición.

Si has empezado una fase de volumen con un buen porcentaje de grasa corporal puedes seguir en volumen hasta que llegues sobre el 20 o 22 %, momento en el que puedes mantener ese porcentaje o volver a realizar un Minicut (minicorte) de cuatro semanas para volver a bajar el nivel de grasa.

Recuerda que es una fase de volumen, si pasas demasiado tiempo haciendo Minicut se ralentizará el proceso de crecimiento.

No te recomiendo hacer más de dos Minicut al año (dos periodos de cuatro semanas).

Si eres una persona con sobrepeso u obesidad, con un porcentaje de grasa corporal de más del 27 %, con poca masa muscular y muchos kilos que bajar, un Minicut es insuficiente, por lo que tendrás que empezar con una fase de definición:

****Entrenamiento de fuerza para crear masa muscular con déficit calórico el tiempo necesario hasta lograr bajar al 15 %, y a partir de ahí evalúas los resultados.**

Este proceso debe durar mínimo seis meses, ten paciencia.

RESUMEN

1- Si estás en el mismo o por debajo de estos porcentajes de grasa corporal, puedes empezar una fase de crecimiento o volumen muscular con un superávit calórico.

—HOMBRES: 15 %

—MUJERES: 23 %

2- Si estás por encima de los porcentajes mencionados en el punto anterior, es recomendable empezar por hacer una fase de pérdida de grasa hasta llegar:

—HOMBRES: Mínimo 15 % y máximo 12 %

—MUJERES: Mínimo 23 % y máximo 20 %

PROTOCOLOS QUE UTILIZAR SEGÚN EL CASO

(Recuerda la diferencia del 8 % de grasa entre hombre y mujer)

- MINICUT: cuatro semanas de pérdida de grasa en sujetos varones que están máximo en un 20 % de grasa corporal.

- <u>DEFINICIÓN</u>: A partir del 21 %, el tiempo necesario hasta llegar al 15 % de grasa para poder empezar el volumen.

- Si eres sujeto con sobrepeso u obesidad por encima del 27 % de grasa corporal necesitarás mínimo seis meses, ve evaluando progreso.

- Entrenamiento de FUERZA en ambos casos. <u>IMPRESCINDIBLE</u> para personas con sobrepeso u obesidad para disminuir aromatasa, la resistencia anabólica, la inflamación corporal y para mejorar la sensibilidad a la insulina.

- Déficit calórico.

EL ENTRENAMIENTO DE FUERZA ES CLAVE

Como mencioné en el cuadro de beneficios del entrenamiento de fuerza, este aumenta la masa muscular y reduce el tejido graso.

El entrenamiento de fuerza eleva la testosterona y la hormona del crecimiento, IGF-1, entre otras, y a la vez reduce la enzima <u>p450 aromatasa</u>.

Esta enzima se encuentra en la grasa; a mayor cantidad de grasa corporal, mayor es la cantidad de esta enzima.

Esta enzima es la encargada de transformar la testosterona en estrógeno, empeorando la composición corporal, pero, aunque esté elevada en sujetos obesos, _el entrenamiento de fuerza disminuirá su acción_.

Como resultado, se producirá una mejora en la pérdida de grasa y un aumento de la masa muscular.

Un suplemento que junto con el entrenamiento de fuerza puede ayudar a minimizar el efecto de la aromatasa y aumentar la testosterona es el mineral **ZINC.**

Puedes utilizar una variante, que es el **ZINC BISGLICINATO**, ya que esta forma aumenta la absorción del mineral, mejorando los efectos.

Como dato curioso, un ejemplo de la importancia de la enzima aromatasa es que muchos practicantes de culturismo utilizan hormonas anabólicas como la testosterona, a la par que utilizan medicamentos denominados _inhibidores de la aromatasa_.

Su mecanismo es inhibir la acción de esta enzima y así evitar que parte de esa testosterona se transforme en estrógeno, minimizando los efectos negativos de esta aromatización, como pueden ser:

— **Aumento del tejido mamario o ginecomastia.**

— **Acumulación de tejido graso.**

— **Peor composición corporal.**

¿Qué pasaría si decidieses empezar una fase de crecimiento muscular con un porcentaje de grasa muy elevado y poca masa muscular?

El resultado final será que ganarás gran parte de tejido graso y muy poca masa muscular debido a la **resistencia anabólica.**

La resistencia anabólica es la dificultad para ganar masa muscular y se produce en un perfil metabólico y hormonal inadecuado cuando hay sobrepeso u obesidad, caracterizado por **resistencia a la insulina e inflamación corporal.**

Resumen de la resistencia a la insulina.

RESISTENCIA A LA INSULINA

Es importante recordar que la resistencia a la insulina se produce ante elevaciones constantes de glucosa al cabo del día bajo un exceso energético *(derivado de la alta cantidad de calorías e hidratos de carbono, falta de actividad física, alimentos ultraprocesados, etc.)*, produciendo una saturación de los depósitos de glucógeno hepático y muscular.

Cuando estos depósitos están llenos de glucógeno y se producen más elevaciones de glucosa, esta permanece elevada en sangre más tiempo, y para evitar la toxicidad que produce aumenta la liberación de insulina por parte del páncreas para forzar la entrada de glucosa en dichos depósitos, pero a la vez aumenta la resistencia de las células del hígado y los músculos.

Ante esta situación, el hígado empieza a convertir glucosa en grasa, liberándose en sangre parte de esta grasa en forma de triglicéridos.

Mantenida esta situación en el tiempo, produce la resistencia a la insulina.

Según un estudio de Beals J. W. y col. de octubre de 2016, la resistencia anabólica es evidente en sujetos con sobrepeso en un 27 % de grasa corporal.

Como muestra el estudio, en sujetos con sobrepeso u obesidad, a medida que aumenta la grasa corporal, aumenta la resistencia anabólica.

<u>Ante la ingesta de proteína para la construcción muscular, se reduce la síntesis de proteínas musculares, disminuyéndose así la sensibilidad muscular a la ingestión de alimentos.</u>

Si no has hecho caso a las recomendaciones anteriores, cuando pases a la fase de definición para quitar toda esa grasa acumulada tendrás que atenerte a un déficit de calorías más agresivo, por lo que tendrás mayor sensación de hambre y menor saciedad, teniendo que alargar el periodo de definición, con mayor probabilidad de abandono.

- A mayor déficit calórico, mayor probabilidad de perder masa muscular en el proceso.

- Volverás a perder todo el peso que has acumulado durante la fase de crecimiento muscular.

¿Qué nivel de calorías debes establecer para el volumen?

Para la mayoría de las personas perder grasa es un proceso que suele ser más rápido que ganar masa muscular, ya que el músculo vendrá dado en parte por tu potencial genético.

Para empezar una fase de volumen, debes tener en cuenta la siguiente consideración:

(Recomendación para principiantes e intermedios)

—Si vienes de una fase de definición **no muy agresiva** como la mencionada anteriormente, en la que no hayas bajado en exceso tu porcentaje de grasa corporal y estés situado *entre el 12 % y 15 % de gasa corporal,* es recomendable establecer un **superávit calórico ligero de 10-20 % de las calorías de mantenimiento, en el que ganes el 0.25 o 0,5 % de peso corporal a la semana.**

EJEMPLO:

—Si tus calorías de mantenimiento son 2.500, deberías empezar la fase de volumen con 2.750 calorías diarias.

****2.500 x 10 % = 250**

****2.500 + 250 = 2.750 calorías al día**

—Si tu peso son 70 kilos, deberías subir en la báscula entre 175 a 350 gramos de peso corporal a la semana e ir evaluando el progreso semana a semana para así evitar una rápida acumulación de grasa.

(Recomendación para atletas avanzados)

—Si ya eres un atleta avanzado con varios años de entrenamiento, es recomendable ser más conservador y reducir las calorías diarias y el aumento de peso semanal, pues estás más cerca de tu techo muscular y es más fácil acumular grasa y, por tanto, más difícil aumentar la masa muscular.

De lo que se trata es de ganar masa muscular con la mínima cantidad de comida posible para mantener la sensibilidad a la insulina y no saturar el sistema digestivo.

Sí, puede parecerte poco, pero en la vida como en el deporte puedes hacerlo rápido, pero no puedes saltarte pasos.

Empezar con un superávit calórico demasiado elevado puede hacerte ganar grasa más rápidamente.

Todo lo anterior se aplica en el caso de empezar el volumen con un porcentaje de grasa moderado (12-15 %), si es un porcentaje inferior, hay otras recomendaciones, como verás a continuación.

¿Qué pasa después de alcanzar un porcentaje de grasa muy bajo?

Si has pasado demasiado tiempo en periodo de definición y has logrado un porcentaje de grasa muy bajo, por debajo del 8-7 %, la recomendación de arriba sobre el papel está muy bien, pero en la práctica se hace difícil de llevar a cabo.

Saber que has conseguido tu objetivo te va a producir alivio, pero te restará motivación para seguir con un nivel bajo de calorías como para ir aumentando solamente 100 o 200 calorías a la semana.

—Después de una fase de definición agresiva, el cuerpo está más receptivo a la acumulación de grasa, debido en gran parte a **menores niveles de leptina**.

Al tener menos niveles de esta hormona, mandará una señal al hipotálamo de que falta energía, aumentando la sensación de **hambre**.

Con un porcentaje de grasa corporal tan bajo y sin motivación ninguna para mantenerlo, **el riesgo de atracón se multiplica**.

Lo he vivido en mi propio cuerpo infinidad de veces, allá por el año 2009, en mis inicios como competidor de culturismo, hasta que, con el paso de los años, conseguí dominar esta situación gracias a incorporar el protocolo que te voy a mostrar a continuación. Pero solo el protocolo no era suficiente y la clave fue la integración de un trabajo mental por parte de nuestro entrenador, que nos concienciaba para no tirar a la basura el trabajo realizado durante meses en solo unos días por satisfacer nuestro paladar con comida chatarra.

Era cuestión de no optar por el corto plazo del deseo de la mente, y claro que aumentábamos la comida en gran cantidad, pero en su mayoría comida de calidad, dejando un mínimo espacio a la semana para poder comer algo distinto sin romper el progreso.

<u>Nuestros pensamientos dirigían nuestra atención a otro lugar, unido todo ello a la responsabilidad y al compromiso con el entrenador y con nosotros mismos, y estos modificaban el resultado desobedeciendo a las hormonas. Si queríamos resultados mejores, teníamos que trabajar más duro.</u>

<u>Cuando la mayoría se atiborraba a todas horas de este tipo de comida, nosotros lo reducíamos a una comida semanal.</u>

<u>De ahí la importancia de buscar un mentor si quieres resultados en una materia.</u>

Los primeros años no fue así, nada más acabar la competición, la "comida basura" era el plato principal durante días.

Simplemente el pensamiento de una experiencia pasada y el olor de esta comida disparaba nuestros sentidos salivando y aumentando el deseo, pensar en cómo te ibas a sentir después de tanto tiempo comiendo lo mismo día tras día era la excusa perfecta.

Lo verás en la sección de ultraprocesados.

El nivel de leptina era muy bajo y mi cuerpo me pedía calmar la ansiedad y el hambre, consiguiendo el efecto rebote antes mencionado.

Tu cuerpo en ese momento tendrá el metabolismo más lento, producido por **un efecto llamado termogénesis adaptativa.**

—La **termogénesis adaptativa** es un mecanismo de supervivencia que reduce la tiroides, ralentizando el metabolismo para intentar defender el peso actual, haciendo que te muevas menos para ahorrar energía.

> # RESUMIENDO
>
> En esos porcentajes de grasa tan bajos, el hambre y la falta de sueño conviven contigo, también el malhumor, el estrés, los bajos niveles de testosterona en hombres, la pérdida del ciclo menstrual en mujeres y la ralentización del metabolismo y la tiroides; todo ello derivado de las adaptaciones metabólicas **(termogénesis adaptativa)** y hormonales que se producen con el déficit calórico prolongado para llegar a un punto de grasa corporal mínimo.

¿Cuál es la solución en este caso?

Con *menores niveles de leptina y termogénesis adaptativa* lo ideal es centrarse en *optimizar tu salud cuanto antes y revertir estas adaptaciones.*

Para la gran mayoría de las personas, una vez que han conseguido un punto de grasa corporal tan bajo para un determinado objetivo (ya sea una competición, una sesión de fotos o simplemente alardear con tus allegados), ya no tiene sentido mantenerse ahí, ya que no es lo más saludable.

Sí que hay sujetos que pueden mantenerse todo el año en estos porcentajes de grasa tan bajos con facilidad sin sufrir este grado de adaptaciones, pero son los mínimos.

Al igual que las mujeres, son pocas las que pueden lucir abdominales todo el año.

Con un mínimo de grasa corporal (14 %), ante una baja ingesta de energía el cuerpo detecta que no es hora de procrear, cortando el ciclo menstrual y con ello la función reproductiva para garantizar el funcionamiento básico del cuerpo.

Ya lo he dicho en alguna ocasión y no está de más recordarlo, y es que el deporte de alto rendimiento no es saludable. Con esto no quiero decir que no se practique y se puedan fijar objetivos, pero una vez cumplidos es primordial recuperar la salud.

¡¡¡Ya que vas a comer, que sea comida de calidad!!!

Es esencial recuperar cuanto antes el funcionamiento óptimo de tu cuerpo.

Para revertir los efectos negativos es necesario aumentar drásticamente la ingesta calórica y recuperar los niveles de leptina, aumentando el porcentaje de grasa corporal.

Después de mis competiciones aprovechaba para ver a la familia y hacer esas comidas que tanto tiempo llevaba sin probar, y de paso disfrutaba de su compañía. Este era el mayor de los premios, ya que las medallas al poco tiempo quedaban en la vitrina cogiendo polvo.

Comía entonces una buena paella, un guisado, una comida típica casera y algo de comida basura, pero sin llegar a reventar.

Después de pasar un día disfrutando de ellos compartiendo mi experiencia y dando rienda suelta a la imaginación, volvía a mi rutina con una ingesta elevada de calorías.

- Debes realizar un periodo de recuperación de cuatro semanas con alta cantidad de calorías.

- Se trata de recuperar entre el 5-10 % de tu peso actual.

EJEMPLO:

Si tu peso al concluir la definición es de 70 kilos, con un porcentaje de grasa muy bajo, debes recuperar peso hasta llegar <u>mínimo</u> a 73,5 kilos (5 %) en cuatro semanas.

- Debes pasar del déficit calórico que tenías en definición a establecer un <u>superávit de 500 a 1.000 calorías diarias por encima de las calorías de mantenimiento</u>, PRIORIZANDO los *car-bohidratos mayormente.*

— *DEFINICIÓN: 2.000 CALORÍAS.* (déficit calórico)

— *MANTENIMIENTO: 2.500 CALORÍAS.* (mantenimiento)

— *VOLUMEN: 3.000 CALORÍAS.* (superávit calórico)

Las calorías de mantenimiento son las que tu cuerpo necesita para mantenerse, sin subir ni bajar peso.

Continuando con el ejemplo anterior.

Si tu déficit era de 500 calorías diarias en definición, tu dieta diaria era de déficit (2.000 calorías).

- Calorías de mantenimiento: 2.500.

Al aumentar 1.000 calorías al día pasas de consumir 2.000 en la fase de definición a 3.000 calorías en la fase de recuperación.

- **Situándote en un superávit de 500 calorías al día durante cuatro semanas.**

Esto es una estimación general, por lo que influye la variación individual. Tendrás que ajustar el progreso semana a semana.

Uno de los beneficios de esta fase son los entrenamientos posteriores.

El aumento drástico de calorías diarias no solo aumentaba el peso corporal, sino que los entrenamientos se volvían más productivos.

Las cargas de glucógeno aumentaban el rendimiento, produciendo mayores congestiones y mejor recuperación, la sensación de energía era brutal.

Una vez recuperado el 5-10 % del peso y parte de la grasa, el hambre disminuirá y la obsesión por la comida se verá reducida, mejorarás el descanso y aumentarás la libido.

Aun así, puede que necesites más tiempo para terminar de revertir las adaptaciones hormonales y metabólicas por completo.

— **A partir de recuperar entre el 5-10 % de peso en las cuatro primeras semanas, ya puedes reducir las calorías y volver a un superávit ligero para empezar una fase de construcción muscular.**

Debes entonces establecer entre 100 a 250 calorías diarias por encima de las calorías de mantenimiento y evaluar semanalmente.

EJEMPLO:

— *MANTENIMIENTO: 2.500 CALORÍAS.*

— *VOLUMEN: REDUCIR de 3.000 CALORÍAS que ingerías las cuatro primeras semanas a 2.750 CALORÍAS para empezar el volumen controlado.*

¿QUÉ ES EL VOLUMEN CERDIL?

Sé que pueden parecer complicados los cálculos matemáticos, de hecho, en la vieja escuela del culturismo no utilizaban tantos detalles. Esta opción se llama **volumen cerdil**, y consiste en hacer un volumen con un superávit calórico elevado y mantenido todo el tiempo hasta empezar la fase de definición.

La cuestión era aumentar todo el peso que fuese posible con la máxima cantidad de comida, y todo ello basado en la creencia de que, al aumentar el peso corporal, se aumentaba más cantidad de masa muscular.

A día de hoy se sabe que para la gran mayoría esta práctica no es lo más recomendable, ya que el exceso de calorías es acumulado en forma de tejido graso como expliqué en apartados anteriores, aumentando la resistencia anabólica, empeorando la sensibilidad a la insulina, sobrecargando el sistema digestivo y empeorando la absorción, por no hablar de **la cantidad de dinero invertido en la dieta.**

Esta práctica puede tener cabida en personas novatas, muy delgadas, con dificultad para aumentar peso.

Este grupo necesita además una base de construcción muscular que puede ir desde uno a dos años.

SUPLEMENTACIÓN EN LA FASE DE VOLUMEN

Como ya mencioné en la primera parte de la trilogía, de los cientos de productos de suplementación existentes, la gran mayoría no valen para nada y como mucho representan un 10 % de beneficios, siempre y cuando tengas las tres patas de la silla cubiertas, como son la nutrición, el entrenamiento y el descanso.

A continuación, nombraré los suplementos adecuados según la última revisión de *Iraki J. y col. de 2019* para culturistas en fase de volumen, donde participó el español Espinar S.

La proteína puede ser de gran ayuda en cualquier fase, tanto en la de definición como en la de volumen, siempre que sea de calidad (que contenga todos los aminoácidos esenciales) **y no llegues a los requerimientos diarios de proteína a través de la comida**.

Cuando tienes que ingerir una alta cantidad de comida para llegar a cumplir con el superávit, la proteína en polvo es una gran aliada.

En este caso, según tus preferencias puedes usar la proteína láctea o proteína vegana, como puede ser la de guisante.

Su fácil digestión permite ingerir más cantidad de calorías diarias, y así poder aumentar mayormente la ingesta de hidrato de carbono para mejorar el rendimiento y la recuperación.

Pero repito, **NO ES OBLIGATORIA.**

La **creatina monohidrato** te ayudará a aumentar la masa muscular y mejorar el rendimiento del entrenamiento, ayudándote a conseguir esas dos o tres repeticiones extras y un ligero bombeo en el músculo debido a la acumulación de agua a nivel intracelular. Este suplemento funciona por saturación, y según estudios se demostró que la saturación muscular de creatina después de 3 gramos de suplementos de monohidrato de creatina durante veintiocho días es similar al consumo de monohidrato de creatina después de la fase de carga típica de 20 gramos diarios en una semana, por lo que puede no ser necesario hacer una fase de carga.

Existen otras formulaciones en el mercado, pero no se ha demostrado que sean superiores a pesar del precio más alto.

Dosis: no parece importar el momento de la ingesta, utilizar una dosis de 3 gramos diarios tardará veintiocho días en alcanzar concentraciones máximas.

Beta-alanina:

La beta-alanina se está convirtiendo en un suplemento cada vez más popular entre los deportistas de entrenamiento de fuerza. Una vez consumida, ingresa a la circulación y es absorbida por el músculo esquelético, donde se utiliza para sintetizar carnosina, un tampón de pH en el músculo que es particularmente importante durante el ejercicio anaeróbico, como correr o levantar pesas. Se ha demostrado que el consumo de 6.4 gramos al día durante cuatro semanas aumenta los niveles de carnosina muscular en un 64.2 %.

Además, mejora la carga de trabajo y el tiempo de fatiga durante el ejercicio cardiovascular de alta intensidad y la resistencia muscular al reducir significativamente las percepciones de fatiga durante el entrenamiento de fuerza y aumentar la masa magra en aproximadamente un kilogramo.

Los síntomas desagradables, es decir, el principal efecto secundario conocido de la suplementación con beta alanina, es la ***parestesia.***

La parestesia es una sensación de adormecimiento u hormigueo en la piel que por regla general desaparece una hora después de la ingesta.

Informados después del consumo de grandes dosis, sin embargo, este efecto puede minimizarse mediante el consumo de dosis más pequeñas repartidas durante el día.

Dosis: la suplementación ideal sería la de ingerir 0,8 gramos de beta-alanina cada 3-4 horas, de modo que la ingesta diaria podría llegar hasta los 4,8-6 g/día, de este modo se produce una mayor retención de beta-alanina para sintonizar la carnosina al disminuir la excreción urinaria, y así se reducen los síntomas de parestesia.

Cafeína:

Uno de los suplementos dietéticos más utilizados en el mundo de la fuerza son los llamados preentrenos.

Son en su mayoría formulaciones a base de estimulantes, en particular la cafeína.

La cafeína aumenta la excitación, puede reducir el dolor y el esfuerzo percibido durante el ejercicio y mejora el manejo del calcio, lo que puede aumentar la producción de energía.

Los estudios sobre el ejercicio de resistencia han encontrado que la cafeína reduce la fatiga y aumenta la fuerza.

Según la evidencia, debe consumirse una dosis de 5-6 mg por kilo de peso corporal una hora antes del ejercicio.

Citrulina malato:

La citrulina malato ha ganado popularidad entre los culturistas.

Se cree que su posible efecto ergogénico es el aumento de la producción de ATP y la capacidad potencial para actuar como agente taponador.

Se ha demostrado además que el consumo de 8 gramos aumenta las repeticiones hasta el fallo muscular hasta en un 50 %, disminuye el dolor muscular en un 40 % y mejora la fuerza máxima y la potencia anaeróbica.

Aunque la evidencia es contradictoria y en otros estudios no han observado efectos ergogénicos, un análisis reciente indica una mejora pequeña, especialmente en atletas avanzados.

Se necesitan más investigaciones, aunque en la actualidad se ha demostrado en cierta medida un efecto beneficioso o neutral, por lo que 8 gramos al día de citrulina malato consumidos una hora antes del ejercicio podrían tener algunos beneficios.

Vitaminas y minerales:

Antiguamente la corriente culturista de la llamada *OLD SCHOOL* (vieja escuela) llevaba a la práctica dietas demasiado restrictivas, con el consiguiente déficit de nutrientes. En aquel momento, como consecuencia de esas dietas restrictivas, se necesitaba usar un aporte multivitamínico y de minerales.

En la actualidad, y gracias a los avances en el campo de la investigación de la nutrición, se ha cambiado este paradigma, abriendo el abanico a nuevas posibilidades de inclusión de gran cantidad de alimentos, por lo que este enfoque más flexible otorga una amplia gama de estos micronutrientes.

Aun así, se recomienda enfatizar el consumo de una amplia gama de alimentos, pudiendo ser aconsejable la utilización de un suplemento para asegurarnos las carencias de vitaminas y minerales.

Omega 3:

Según la evidencia actual, se necesita realizar estudios para recomendar este suplemento con fines de rendimiento. Por el contrario, metanálisis recientes han informado de que la suplementación con aceite de pescado reduce los síntomas de depresión, disminuye el riesgo de muerte cardíaca, disminuye la presión arterial y disminuye la circunferencia de la cintura.

Por lo tanto, los atletas pueden considerar la suplementación diaria de aceite de pescado (o algas) (2–3 g EPA/DHA) para la salud general.

NO TODO LO QUE RELUCE ES ORO

Desde que apareció la industria de la suplementación, muchos practicantes, **guiados por su ansia** de aumentar la masa muscular rápidamente, han **cometido el error de consumir algunos suplementos específicos con supuesta capacidad para aumentar la testosterona y con ello la masa muscular.**

La mayoría de la suplementación que introduce la industria del *fitness* carece de evidencia científica, otros productos tienen evidencia mínima y muy poca capacidad de producir resultados significativos, y otros sí tienen evidencia, pero en este caso **perjudicial para la salud, disminuyendo los niveles de testosterona**.

Las prisas no son buenas consejeras y el corto plazo no favorece en la gran mayoría de las situaciones.

Existen formulaciones elaboradas por multitud de compuestos, siendo los más conocidos:

— **Tríbulus terrestris**

Se trata de una hierba de la ayurveda con escasa evidencia, pero utilizada durante años por su capacidad para aumentar la libido y supuestamente también la testosterona.

No se sabe exactamente cómo funciona el tríbulus, solo se sabe que mejora la densidad del receptor de andrógenos en el cerebro (tejido muscular no confirmado), lo que puede mejorar las propiedades de los andrógenos que aumentan la libido.

La evidencia limitada sugiere que es débil o no efectiva para mejorar la fertilidad.

De este modo, 1.5 y 2.25 de extracto de tríbulus o 6 gramos de raíz de tríbulus parecen mejorar moderadamente las erecciones en **hombres infértiles, hombres con deficiencia parcial de andrógenos y hombres con disfunción eréctil.**

La mayoría de estudios muestran mejora en el deseo sexual, y en mujeres que informaron sobre pérdida de libido esta aumentó.

RESUMEN

Los estudios que han analizado su efectividad para mejorar el rendimiento deportivo han sido fallidos hasta ahora, pudiendo mejorar la sexualidad, pero no el aumento de la testosterona.

DOSIS DIARIA

En la actualidad se recomienda una dosis de entre 200 y 450 miligramos de un extracto de saponina al 60 % para mejorar la sexualidad y la libido.

El estudio en humanos parece confirmar la mejora de la salud sexual y función eréctil.

— Ácido D-aspártico

Con evidencia en muy pocos estudios durante sus inicios en 2009, la ingesta de 3 gramos diarios durante doce días mostró un gran aumento de la testosterona en hombres, y a raíz de ahí se empezó a comercializar como la pólvora.

Pocos años después, sucesivos estudios fueron mostrando efectos contradictorios. Incluso la evidencia más reciente, del año 2015, señala que en sujetos entrenados una dosis de 6 gramos diarios durante veintiocho días no solo no tiene efectos a nivel de rendimiento, sino que **reduce los niveles de testosterona, siendo perjudicial para la salud,** y 3 gramos diarios no producen ningún efecto.

¡¡El camino rápido no existe!!

Aunque algún compuesto muestre efectos beneficiosos para aumentar la testosterona, estos suplementos tienen por lo general un efecto muy reducido y **ni de lejos tienen la capacidad para aumentar la masa muscular.**

Por lo que desde aquí te recomiendo que te ahorres el dinero si estás pensando en comprar alguno de ellos *con la finalidad de aumentar la masa muscular.*

MACRONUTRIENTES

En una fase de crecimiento muscular el primer factor debe ser establecer un superávit calórico, es decir, tienes que comer más de lo que gastas.

Teniendo en cuenta las recomendaciones del punto anterior en cuanto a la cantidad diaria de calorías de debes ingerir dependiendo de tu punto de partida, ahora debes establecer el porcentaje correcto de macronutrientes para optimizar la ganancia de masa muscular.

Proteína

La proteína es la base del músculo. En la fase de **definición** es importante establecer un valor al alza por motivos de saciedad, **siendo el macronutriente que mayor saciedad aporta, y aumento del gasto calórico, debido a la termogénesis del macronutriente (el cuerpo invierte más energía en el proceso de digestión de la proteína)**, ya que lo que buscamos es una pérdida de grasa y minimizar el hambre.

Según la evidencia científica, para sujetos con fines de crecimiento muscular una cantidad óptima se sitúa entre **1,6 y 2,2 gramos por kilo de peso corporal.**

Algunos estudios apuntan a una cantidad mayor, **2,5 e incluso 3,3 en sujetos delgados con dificultad para aumentar la masa muscular.**

¿Cuánta proteína puede usar el cuerpo en una sola comida para desarrollo muscular?

Esta pregunta es muy recurrente y es importante clarificar los mitos que circulan alrededor de ella.

Es común escuchar que el máximo son 30 gramos de proteína por comida.

Si nos vamos a la más reciente evidencia, un estudio realizado por **Shoenfeld y Aragón** en 2018, un consumo de más de 20 gramos de proteína por comida **produce una oxidación mayor de aminoácidos, pero el destino de esos aminoácidos adicionales <u>no solo sería la oxidación, sino que algunos se utilizarían con fines de construcción de tejidos.</u>**

Se cree que cualquier cantidad superior a esta se oxida para generar energía o se transamina para formar urea y otros ácidos orgánicos.

Sin embargo, estos hallazgos son específicos del suministro de <u>proteínas de digestión rápida</u>, sin la adición de otros macronutrientes.

Las fuentes, particularmente cuando se consumen en combinación con otros macronutrientes, retrasarían la absorción y, por lo tanto, posiblemente mejorarían la utilización de los aminoácidos constituyentes.

Debes situar tu ingesta en:

- 0.4 g/kg/comida en un mínimo de cuatro comidas para alcanzar un *mínimo* de **1.6 g/kg/día**.

- El uso de la ingesta diaria superior de **2.2 g/kg/día** en cuatro comidas requeriría un *máximo* de 0.55 g/kg/comida.

GRASAS

Las dietas bajas en grasa producen una reducción en la testosterona circulante. Por lo tanto, las grasas dietéticas se sitúan en **0.5 a 1.5 gramos por kilo de peso corporal al día**.

HIDRATOS DE CARBONO

Reparte el **resto de calorías**.

En la fase de volumen se deben ingerir hidratos de carbono adecuados (50–60 % de la ingesta total de energía) para mantener la intensidad del entrenamiento.

RESUMEN

La composición de las dietas para la fase de volumen debe ser:

- 1.6 a 2.2 gramos de proteína por kilo de peso corporal

- 0.5 a 1.5 gramos de grasa por kilo de peso corporal.

- Resto de calorías para los carbohidratos.

ESTRUCTURA DE LA DIETA

Consiste en una distribución de los macronutrientes según recomendaciones actualizadas para la fase de volumen muscular del estudio anterior de **Iraki J. y col. (2019).**

EJEMPLO

Esto es solo un ejemplo, debes adecuar tus calorías según tu peso y tus calorías de mantenimiento.

**Cada gramo de carbohidratos tiene 4 kilocalorías, las proteínas 4 kilocalorías y las grasas 9 kilocalorías.

Si tu dieta de mantenimiento es de 2.500 calorías y hemos dicho que hay que establecer un aumento ligero para comenzar el volumen muscular (entre el 10-20 % del total de calorías), vamos a empezar por la parte baja, estableciendo un 10 %.

-2.500 calorías x 0.10 = 250 calorías.

-2.500 + 250 = 2.750 calorías diarias.

Volumen de 2.750 calorías diarias para 70 kilos de peso corporal:

1.º Establecemos un rango de 2 gramos de proteína durante toda la fase de volumen.

**2 gramos proteína x 70 kilos = 140 gramos de ingesta al día.

140 gramos x 4 kcal = **560 calorías al día.

2.º Establecemos 1 gramo de grasa por kilo de peso corporal:

**1 gramos de grasa x 70 kilos = 70 gramos de grasa al día.

70 gramos de grasa x 9 kcal = **630 calorías al día.

3.º El resto de calorías para los carbohidratos:

** 2.750 totales - **560** de proteínas - **630** de grasa = **1.560 calorías de hidratos de carbono al día.**

**1.560/4 kcal = 390 gramos al día de carbohidratos.

RESUMEN DE MACRONUTRIENTES

Peso corporal: 70 kilos

Dieta de Volumen: 2.750 calorías

Proteínas: 140 gramos

Grasas: 70 gramos

Carbohidratos: 390 gramos

A partir de aquí, evaluaremos cada semana para que el aumento de peso sea entre 0.25-0.5 % del peso corporal en caso de novatos o intermedios.

Ejemplo:

Peso inicial: 70 kilos

Primera semana: 70.200 kilos (aproximadamente)

Segunda semana: 70.400 kilos

En caso de avanzados reducir la subida de peso.

CONSEJOS PARA AUMENTAR LA TESTOSTERONA

Hablar de testosterona en el mundo de la fuerza es como hablar de revistas del corazón en una peluquería, es el tema de conversación en la sala de musculación, ya que siempre andamos buscando la manera de aumentar esta hormona para que nuestra masa muscular crezca más rápido.

La testosterona es la hormona más importante en el hombre, pero no es la hormona más anabólica que hay en nuestro cuerpo, pues el primer puesto del pódium se lo lleva la INSULINA.

La testosterona es importante no solo para aumentar la cantidad de masa muscular, sino también para gozar de una buena salud sexual, pudiendo disfrutar de uno de los mayores placeres de la vida, y contribuir con la humanidad, creando vida.

Pero antes de adentrarnos en protocolos o sustancias para mejorarla, debes atender a los síntomas que puedas estar sufriendo para determinar si debes hacerte una analítica de sangre y averiguar en qué niveles se encuentra.

¿Por qué hacer una analítica de testosterona?

Hay síntomas que tal vez interfieren en la vida diaria de los hombres y afectan a su bienestar que pueden estar relacionados con niveles bajos de testosterona, como pérdida del deseo sexual, impotencia y otros síntomas físicos y emocionales, como cambios de humor e irritabilidad, pérdida de fuerza y pérdida de masa muscular.

Pero también pueden no estar relacionados con la falta de testosterona, sino con problemas psicológicos o factores relacionados con el mal estilo de vida: sedentarismo, mala alimentación, alto nivel de estrés o falta de sueño.

Ante estos síntomas acude a tu médico para realizar una analítica y ver qué valores muestra la testosterona.

Valores que medir:

- **Testosterona total.**

- **Testosterona libre.**

- **Globulina fijadora de hormonas sexuales (SHBG).**

Si solo evaluamos la testosterona total y el resultado de la analítica muestra un buen nivel, esto puede dar lugar a error de interpretación y, por tanto, a pensar que tus síntomas se deben a otras causas, por lo que es imprescindible pedir los tres valores.

Si la testosterona total es elevada, pero la globulina fijadora de hormonas sexuales (SHBG) también tiene un nivel elevado, significa que parte de la testosterona va fijada a la SHBG, es decir, que **está inactiva, hay menos disponibilidad.

Por lo tanto, _el valor importante que tener en cuenta es la testosterona libre, que es la que se encuentra biodisponible_.

PASOS PARA AUMENTAR LOS NIVELES DE TESTOSTERONA LIBRE

El primer paso es centrarnos en **mejorar la sensibilidad a la insulina y bajar la inflamación corporal a través del descanso, la alimentación y el entrenamiento.

El aumento de peso y las enfermedades crónicas asociadas están relacionadas con la disminución de la testosterona, y algunos suplementos pueden ayudar a elevar la testosterona a niveles normales.

**El sueño:

La falta de sueño está fuertemente relacionada con la disminución de la producción de la testosterona, lo que aumenta el cortisol y los niveles de estrés y facilita la acumulación de grasa, y al aumentar la grasa disminuye la testosterona.

**El ayuno:

Es una herramienta muy efectiva para disminuir la inflamación y mejorar la sensibilidad a la insulina, a la vez que ayuda a la pérdida de peso al reducir la ventana de alimentación. Introducir ayunos cortos de dieciséis horas es un estresor que a corto plazo acelera el metabolismo.

**Entrenamiento:

Como ya expliqué en anteriores fases del libro, el entrenamiento de fuerza eleva la testosterona, disminuye la acción de la aromatasa, mejora la resistencia a la insulina y disminuye la inflamación crónica.

Si eres una persona sedentaria que no tienes tiempo de entrenar, tienes pereza o falta de motivación, empieza por introducir pequeños cambios diarios.

Aumenta el movimiento, camina más, utiliza las escaleras, levántate de la silla cada hora o haz algunos ejercicios en casa, como pueden ser algunas sentadillas o flexiones (esto te llevará solo unos minutos). Debes estimular la masa muscular. Te parecerá poco, pero es una buena manera de empezar y salir del sedentarismo; si te marcas al inicio objetivos demasiado costosos, nunca empezarás.

**Aumentar la cantidad de grasa en la dieta:

El colesterol es precursor de hormonas sexuales, de ahí que sea necesario establecer una alimentación donde *disminuyas los carbohidratos y aumentes la ingesta de las grasas.*

Cuando hablo de grasas me refiero a grasas de calidad, no es comerte todos los ultraprocesados que se te pasen por la cabeza.

Puede ser aceite de oliva virgen extra, aceite de coco, aceite de aguacate o aguacate y frutos secos, en especial las nueces de Brasil y las nueces de Macadamia. También puedes incluir semillas como las de calabaza, que ayudan a elevar la testosterona.

Debes asimismo añadir a tu dieta una alta cantidad de ácidos grasos Omega 3 (EPA y DHA), bien aumentando la ingesta de pescados como el salmón un mínimo de tres veces por semana, asegurándote así la cantidad necesaria de EPA y DHA, o bien incluyendo un suplemento de calidad de OMEGA 3 si tu ingesta de pescado es mínima (debes conservarlo en el frigorífico para evitar la oxidación de los ácidos grasos).

En definitiva:

**Disminuye los hidratos de carbono, sobre todo los de <u>alto índice glucémico,</u> para minimizar la respuesta a la insulina.

**Elimina ultraprocesados.

**Introduce hidratos de carbono de medio-bajo índice glucémico:

verduras, hortalizas, legumbres, fruta entera y alimentos integrales por el contenido de fibra.

SUPLEMENTOS PARA AUMENTAR LA TESTOSTERONA

Anteriormente cité el tríbulus terrestris, pero no hay que confundir mejorar la libido con aumentar la testosterona. Por lo tanto, nombraré a continuación mejores opciones con evidencia y efectividad.

-Ashwagandha:

Es recomendable por su capacidad como adaptógeno y por sus efectos para reducir la ansiedad, mejorar el descanso y aumentar la testosterona, y también parece reducir los niveles de cortisol.

La testosterona puede aumentar en hombres infértiles (que tienen una reducción en la testosterona) y en hombres sometidos a entrenamiento de fuerza.

-Zinc:

Tiene capacidad para reducir la acción de la aromatasa, aumentar la testosterona en personas con deficiencia de zinc y mejorar del descanso nocturno.

La testosterona puede aumentar en hombres infértiles (que tienen una reducción en la testosterona) y en hombres sometidos a entrenamiento de fuerza.

-Vitamina D3:

Un gran porcentaje de la población tiene déficit de vitamina D a causa de pasar pocas horas de exposición a la luz solar. Antes de suplementar, es necesario determinar valores en una analítica.

La vitamina D actúa como una hormona que interviene en la producción de testosterona, como muestra el estudio de **Hofer D. et al. (2014).**

Debe tomarse con la comida, principalmente con grasa, al ser una vitamina liposoluble.

-Magnesio:

Puede ayudar a aumentar la testosterona al bloquear la acción de la globulina transportadora de hormonas sexuales (SHBG), aumentando la cantidad de testosterona libre.

Ayuda a mejorar el descanso y puede aumentar la testosterona por esta vía también.

El magnesio ayuda a convertir en el cuerpo la vitamina D en su forma activa.

El citrato de magnesio parece ser una buena opción de suplementación y debe tomarse con las comidas diariamente.

****Si los resultados en analítica proporcionan un nivel bajo de testosterona total y testosterona libre**, te recomendaría **hacer un estudio hormonal completo**, añadiendo otros valores:

- **Vitamina D**

- **Testosterona total**

- **Testosterona libre**

- **SHBG (globulina fijadora de hormonas sexuales)**

- **Estrógeno**

- **LH** (hormona luteinizante), que es segregada en la glándula pituitaria y estimula las células de leydig en los testículos para la producción de testosterona.

- **FSH** (hormona folículo estimulante), que es segregada por la glándula pituitaria y estimula la producción de espermatozoides.

Con el estudio completo se puede determinar cuál es la causa de los niveles bajos de testosterona, si se debe a los testículos, que no están fabricando la suficiente, o si el problema es que el cerebro no está mandando la señal correcta para que los testículos la segreguen.

Esta situación se denomina hipogonadismo.

El hipogonadismo es la deficiencia de testosterona con signos o síntomas asociados, la deficiencia de producción de espermatozoides o ambas.

Hipogonadismo primario:

Puede deberse a un trastorno de los testículos.

Hipogonadismo secundario:

Consiste en el trastorno del eje hipotálamo-hipofisario.

Dependiendo del resultado, el médico adecuará el mejor tratamiento: ***si administrar terapia de reemplazo de testosterona o gonadotropinas***.

MENTALIDAD

CAMBIA TUS EMOCIONES Y MEJORA TU FÍSICO

Las **emociones** son tus grandes aliadas para que funcione todo lo demás, ya sea que hagas cálculos matemáticos como te enseñé a lo largo de estas páginas o, por el contrario, te declines por una alimentación guiándote por tus sistemas de regulación interno de hambre y saciedad.

¿Por qué digo esto?

¿Cuál es el mundo que te rodea?

¿Cómo influye en tu salud el campo de energía en el que te estás moviendo?

No es casualidad que las personas que presentan un físico saludable estén operando en campos de alta energía, y se relacionan entre ellas, caracterizándose por **emociones positivas**; por el contrario, las personas con poca salud manifiestan emociones negativas.

Diferentes terapias como la kinesiología, la acupuntura o la reflexología afirman que la salud depende del equilibrio energético y, por tanto, centran la recuperación en la base, en retornar a patrones de alta energía.

¿Cómo llegamos a patrones negativos de baja energía?

Diferentes situaciones de la vida pueden llegar a causarnos estrés y llevarnos a patrones de baja energía, y a su vez a experimentar emociones negativas. El estrés produce supresión del sistema inmune, y prolongado en el tiempo puede conducir a la enfermedad. Pero no depende del estímulo externo o la circunstancia que estemos experimentando, sino que una vez más se pone de manifiesto que *somos responsables de cómo actuamos ante ellos*, por tanto, el estrés se origina en nuestro interior en base a *cómo actuamos frente al estímulo externo.*

Ejemplo: una misma situación puede ser dolorosa o no, depende de la manera de interpretar que tengamos, y esto se debe al sistema de creencias que manejamos.

Dos personas con diferente sistema de creencias pueden ver una situación de diferente manera. Un entrenador que presiona a los jugadores en un partido de fútbol puede producir en un jugador nerviosismo y bloqueo, sin embargo, a otro jugador puede fortalecerlo y aumentar su rendimiento.

La mala salud física y mental depende de factores externos que nos influyen negativamente, como puede ser la contaminación, la radiación o el consumo de ciertos productos comestibles, como verás más adelante, pero también influyen las actitudes negativas que corresponden al campo energético en el que estemos operando.

¿Cómo pasar de un estado negativo de mala salud a uno positivo?

Lo más importante son las ganas de cambiar y, a continuación, relacionarte en un campo de alta energía. Con el simple hecho de juntarte con estas personas a las que te quieres parecer empezarás a cambiar tus acciones.

Habrás oído infinidad de veces la frase **"Dios los cría y ellos se juntan"**, y es cierto.

¿Con quién pasas más tiempo?, ¿con personas saludables que hacen ejercicio, o, por el contrario, cuando sales de trabajar o estudiar te reúnes con ellas en el bar para tomar cerveza? Tú mismo tienes la respuesta.

Esto que te acabo de contar es de suma importancia, ya que el ser humano es **sugestionable.**

Sí, es cierto, aunque tu ego te diga que no, estás equivocado, **todos somos sugestionables por otras personas.** Por tanto, es hora de cambiar y *dejarte sugestionar* por un buen ejemplo, *por una persona que tenga el físico que tú quieres, por esa persona que tenga hábitos saludables, que realice entrenamiento a diario,* y deja a los que has estado siguiendo hasta ahora, **que son los que con tu desgana te han arrastrado hasta aquí.**

Huye de la conciencia colectiva, te va a limitar, y elige un buen modelo y pregúntale cuáles son sus hábitos de vida, **modela su comportamiento, su pensamiento, sus emociones y sus acciones.**

Tener los hábitos de pensamiento que tienen los ganadores te conducirá a tener una vida diferente a la que tienes actualmente e irremediablemente *a una vida extraordinaria*.

Pero antes déjame decirte algo.

¿De verdad estás dispuesto a cambiar tu físico?

Vale, pues te cuento un secreto que debes tener en cuenta.

Si quieres experimentar esa transformación te advierto de que van a pasar varias cosas que tienes que estar dispuesto a aceptar para que sea posible.

A medida que tú cambies, tu entorno va a cambiar, y tienes que estar dispuesto a aceptarlo o, de lo contrario, abandonarás a la mitad.

Una vez has tomado la decisión, todo tu alrededor se va a ver afectado, tu círculo de amigos dejará de ser el que es y puede que en el proceso te sientas solo, hasta incluso que quizás llegues a perder a tu pareja si tienes.

Sentirás que poco a poco te vas alejando o se alejarán ellos, que dejarán de llamarte, o simplemente ya no tendrás la necesidad de estar en estos círculos que te han mantenido tanto tiempo sin evolucionar. Esto es un buen indicador, vas por buen camino.

¡¡Asegúrate de cerrar el círculo, pero quédate fuera!!

Toda transformación, sea en el área que sea, es dolorosa. Te cuento cómo fue la mía.

Así me lo explicaron a mí. Antes de decidirme a cambiar, mi mentor me dijo todo lo que iba a suceder porque él lo había vivido ya, pero no por sus vivencias únicamente, sino porque los principios son universales y si los llevas a rajatabla no fallan, así lo viví yo, es totalmente cierto.

Mis amigos de entonces dejaron de llamarme, me quedé solo, hacían comidas y ya no contaban conmigo, me enteraba cuando veía las fotos en las redes sociales y a veces ni eso. La verdad es que me dolía, no voy a negar que me sentía solo, hasta que encontré nuevas amistades que llegaron a mi vida, personas que vibraban en la misma frecuencia que yo, y es un proceso que *a priori* es doloroso, pero hay que vivirlo.

No te preocupes, que nuevas personas aparecerán.

Cambié las conversaciones de *"¿cuántos kilos de peso levantas?"* y *"¿cuántos centímetros de brazo tienes?"* y del *juicio y comparación constante*, que viene del Ego, por conversaciones de ***"¿qué libro puedo comprarme para aprender más?", "¿de quién puedo aprender?", "¿a quién puedo ayudar?" o "¿qué puedo aportar para mejorar el conjunto?".***

Y no implica que tengas una mala relación con tus anteriores amigos, sino que tus preferencias cambian, evolucionas y entiendes que es parte del proceso, es cuestión de **CAMBIAR TUS CREENCIAS, QUE TE LLEVARÁN A UN DESTINO DISTINTO.**

El cambio al principio es doloroso, si no, no sería cambio. Vas a pasar del norte al sur, de hacer unas cosas a otras totalmente contrarias, y esto duele hasta que te acostumbras, **porque no sabes cómo hacerlas, si eres capaz o si es lo correcto. Además, no sabes a dónde te van a llevar estas acciones por el miedo a lo desconocido,** _**pero yo sí lo sé, tu mente trata de detenerte, nos pasa a todos, por eso te digo que valdrá la alegría, confía en ti.**_

Durante esta fase de cambio tendrás dudas y no sabrás quién eres debido a la transición del programa de creencias que has manejando durante tantos años al programa nuevo que estás adquiriendo.

Estás dejando de ser una persona para ser otra totalmente distinta, debes tener cuidado porque en ese punto eres más **influenciable.**

Mi recomendación es que durante esta fase inicial te aísles lo máximo posible de tu vida antigua y, si tienes alguna relación, que sea con personas que están en el mismo propósito que tú. De lo contrario, dudarás de ti porque durante esa transición emocionalmente serás más débil por el miedo a lo desconocido y por la influencia que tratarán de ejercer estas personas sobre ti, haciendo ver que tú estás equivocado porque la mayoría hace lo contrario y tú todavía no estás obteniendo resultados, por ello es más fácil que dudes de ti y abandones. **¡No los escuches!**

¡¡Sigue aferrándote a tus nuevas creencias y apostando por el cambio!!

Pensarás si lo estás haciendo bien o no, pero debes seguir con tu propósito de mejorar; avanzas o retrocedes. Avanzar implica evolucionar y dejar atrás a esas personas que tienen comportamientos, acciones y pensamientos distintos a los que tú acabas de adquirir.

¡¡Tú eliges qué hacer con tu vida, lo anterior ya lo conoces!!

La nueva situación te va a poner muy incómodo, pero pronto esa incomodidad pasará a ser tu mejor aliada porque a partir de ahí vas a empezar a manifestar cosas increíbles en tu vida, situaciones inesperadas, se abrirán puertas y aparecerán personas que llevarán tu vida al crecimiento.

Tu propósito es enseñar a otros con tu ejemplo. Si logramos contagiar al mundo de que todo es posible, dejaremos de ver los milagros como tal y se convertirán en algo normal, más personas empezarán a conseguir lo que para ellos era impensable.

¡¡Tu propósito debe ser tu máxima motivación!!

Esto es solo un ejemplo de lo que te va a pasar. Después de esta anécdota, volvamos al cambio de hábitos para mejorar tu salud.

Vas a cambiar los hábitos no saludables que tienen esas personas por otros nuevos con otras personas totalmente diferentes, no puedes estar con ambos a la vez, es imposible.

¡¡No puedes estar en la barra de un bar levantando un vaso a la vez que estás levantando una barra con pesas en el gimnasio!!

- **Empieza ya.**

  Si quieres tener una buena vida tienes que empezar ya, no sabes cuánto tiempo te queda, no sabes cuál va a ser tu última oportunidad. Es un engaño creer que tienes demasiado tiempo, venimos con una fecha límite.

- **Relación con la comida.**

Recuerda que tu físico es producto de tus creencias, y para transformarlo debes cambiarlas, de lo contrario no sucederá.

<u>Debes comer para tener energía</u> y no hacer como **<u>la mayoría, que come para obtener placer</u>**, como siempre, valorando más el corto plazo:

"¡¡¡Quiero esa comida y la quiero ya!!!".

No te paras a pensar qué calidad de alimentos estás introduciendo en tu cuerpo día a día.

¿De verdad se tarda tanto tiempo en prepararte una ensalada y unas lentejas?

Incluso hoy en día comprar unas lentejas de bote es una opción saludable, y las preparas en un minuto, lavadas, escurridas y listas para comer.

Por lo tanto, son excusas cuando te dices a ti mismo:

"¡No tengo tiempo!".

Quieres autoconvencerte de que no tienes tiempo para no sentirte mal contigo mismo y así tener la excusa perfecta para darte el gusto de comer lo que sabes que no te está beneficiando.

El pretexto *"no tengo tiempo"* es utilizado por la mayoría de personas para todo, no solo para comer mal, sino para NO realizar cualquier tarea que requiera esfuerzo por nuestra parte, como puede ser obtener una gran sabiduría o un cuerpo atlético y saludable, ya que esto sí conlleva mucho tiempo y responsabilidad.

En esta sociedad estamos rodeados de estrés, desde el inicio del día hasta que llegamos de noche a la cama. Vivimos en modo automático y no paramos ni diez minutos para aislarnos de todo el exterior, para dedicárnoslo a nosotros mismos, a nuestro mundo interior, y poder ser así conscientes del momento presente y tomar decisiones distintas que sin duda nos llevarían a una mejor salud.

El gigante de la industria alimentaria resolvió nuestra "falta de tiempo" con la aparición de restaurantes de comida rápida.

¡Que sí! Por un lado, te resuelven la falta de tiempo, basta con pedir la comida en uno de estos restaurantes y estás comiendo en un minuto, pero, ¿cuál es el precio? Que tu salud está empeorando.

¿Por qué no cambias la perspectiva?

En vez de pensar en el placer que te va a producir la comida rápida, ¿por qué no te centras en el daño que te causará a largo plazo?

Para eso utiliza el dolor a tu favor.

¿Cómo hacerlo?

Te invito a que practiques este ejercicio:

1- Túmbate, cierra los ojos, relájate, imagina que viajas al futuro y piensa cómo estarás dentro de cinco años.

2- Recrea una situación mental en la que estás enfermo debido a todo este tiempo que has estado alimentándote mal, y no tiene solución. Imagina las consecuencias fatales para ti y cómo está repercutiendo en tu familia, dejarás solos a tus hijos, hermanos y pareja. Mantén esa situación durante unos minutos, siente la emoción y despídete de ellos, vivirán sin ti y tú te marcharás de este mundo para siempre.

¿Qué tipo de EMOCIÓN estás sintiendo?

Angustia, ¿verdad?

¿A que, si pudieses retroceder, cambiarías tus hábitos?

Pues estás de enhorabuena porque solo ha sido una situación recreada en tu mente, pero en un futuro podría ser verdad.

A partir de ahora piensa en las consecuencias negativas que tendrá para tu cuerpo el seguir contaminándolo a diario con alimentos poco o nada saludables y empieza a darle buenos pensamientos a tu mente para mejorar tu salud, visualízate siendo una persona sana por dentro y por fuera.

Pero no todo recae en tu responsabilidad, ya que no solo comemos para saciarnos, sino también para sentir placer.

Sentir placer nos mantiene arriba la motivación para buscar comida y poder sobrevivir, el problema es que de nuevo la industria se aprovecha de nosotros.

Esto ocurre con toda la comida, pero debido a la alta palatabilidad de estos productos el sentimiento de placer es mucho mayor, convirtiéndose en casi irresistibles, lo que hace que te decantes por ellos.

Más adelante verás cómo influyen estos productos en tu vida.

CAMBIA TUS CREENCIAS

<u>Ninguna dieta te funcionará si no cambias tus creencias.</u>

La creencia es la base de toda acción, si quieres mejorar tu salud, bajar tu porcentaje de grasa corporal o aumentar la masa muscular, **si no empiezas a cambiar tus creencias no sucederá.**

C - P - E - A - R

Una <u>Creencia</u> origina un <u>Pensamiento</u> que te lleva a sentir una <u>Emoción</u> y, en base a esta, a tomar <u>Acción</u> que producirá un <u>Resultado</u>.

Tanto si tú crees que puedes conseguir algo como si no lo crees, estás en lo cierto.

Si crees que tu físico no puede mejorar, tus pensamientos serán de derrota, piensas en el **"NO PUEDO"**, sintiendo una emoción negativa que te llevará a no actuar o actuar de una forma muy diferente a la esperada, produciendo el resultado final de estancamiento.

Tienes que Pensar, Sentir y Actuar como lo hace la persona que quieres modelar.

1. CREENCIA: Piensa en grande.

- **Ponte metas más grandes,** no te limites nada más empezar, y, para ello, no debes conformarte con mejorar mínimamente.

No mires a los mediocres, **_céntrate en los mejores_**, así aumentará tu nivel de autoexigencia y tomarás acciones que te impulsarán a llegar más lejos.

Al estar rodeado de los mejores, te harán subir el listón cuando veas que van más avanzados que tú.

Esta situación de desventaja te va a poner muy incómodo y te obligará a esforzarte mucho más para poder alcanzarlos.

Cuando subas el listón, inconscientemente te vas a situar por encima de la media, ya que estarás trabajando mucho más que ellos.

Siempre trataba de buscar gente más fuerte que yo en los entrenamientos para poder dar más de mí en cada sesión.

Incluso en el año 2009, cuando me encontraba viviendo en Madrid por cuestiones de trabajo, llegué a viajar una vez por semana a Alicante durante más de un año, donde residía mi entrenador, para poder trabajar con él, ya que sacaba lo máximo de mí.

Pusimos el foco en trabajar mi punto más débil, y el propósito fue aumentar el tamaño de mis piernas.

Temporalmente sufría mucho, los primeros meses parecía un auténtico infierno y no podía acabar mis entrenamientos, pero así conseguí avanzar más rápido.

¿Cuántas personas estarían dispuestas a realizar un viaje de ochocientos kilómetros por solo "disfrutar" tres horas?

Eso se llama pagar el precio de la disciplina.

2. CREENCIA: Da más y recibirás más.

- **Vas a obtener en función de lo que des, la vida es Dar para Recibir**, cuanto más te entregues al proceso, el proceso más te va a devolver.

Formamos parte de la creencia que tienen la mayoría de las personas. **El pensamiento colectivo es _querer dar poco y recibir mucho_**, y de ahí que casi la totalidad de la sociedad juegue a loterías diariamente, eso es por falta de esfuerzo, y por solo unos euros esperamos recibir millones. Qué equivocados estamos.

Por el miedo a perder preferimos dar poco o buscamos aprovecharnos de los demás. Creemos que dando poco vamos a recibir mucho, y así nos va, esperando que suceda algo que cambie nuestras vidas sin dar nada a cambio.

Debes salir de ese pensamiento y empezar a dar todo lo que puedas, **da lo mejor de ti y lo mejor recibirás.**

Pero, una reflexión añadida, no solo basta con dar lo mejor de ti, debes dar algo más que los demás no están dando, implícate en el proceso. Así, cuando te digan que entrenes una hora, entrena una hora y cinco minutos.

Esos cinco minutos multiplicados por todos los días te diferenciarán al cabo de un año, y después de ese año los cinco años posteriores, ¿te imaginas a dónde llegarás? En ti está la respuesta que te aventajará sobre el resto, pero casi nadie lo hace porque requiere un extra de esfuerzo y la mentalidad es indispensable para ello.

3. CREENCIA: Sí tienes tiempo.

- Gestiona mejor el tiempo.

Te pasas la vida pensando que no tienes tiempo, sin embargo, la realidad es otra, <u>se tiene tiempo para lo que se quiere</u>.

Planifica en una agenda tu día, verás que cuando tengas todas las tareas ordenadas no perderás tiempo en pensar lo que tienes que hacer. Créeme que el tiempo vuela cuando no sabes por dónde empezar, que de tantas cosas que tienes que hacer consigues bloquearte y al final no haces ninguna.

Debes acortar los pasos y que cada hora sea productiva al máximo, para cada día en el mismo tiempo poder dar más.

De esta manera incluirás en tu agenda tareas como prepararte tus comidas, la hora de entrenamiento y la hora de descanso nocturno, es así de fácil, te volverás más productivo en todas las áreas de tu vida.

4. CREENCIA: Prohibido abandonar.

- Por favor te lo pido, no abandones hasta conseguir tu objetivo.

Aunque estarás pensando: "Iván, esto ya me lo has dicho brevemente en otra fase del libro"; y tienes razón, pero es necesario darle un significado más amplio, ya que tenemos las creencias antiguas muy arraigadas y es difícil cambiarlas. Por lo tanto, es bueno bombardear a tu subconsciente con la nueva información.

¿Por qué no debes abandonar?

Llevas años repitiendo el mismo patrón. Cuando una situación se vuelve difícil abandonas, y **cada vez que abandonas le enseñas a tu mente que no es posible**.

Pero no solo eso, también estás siendo un mal ejemplo para los tuyos, les estás enseñando que no se puede, que es imposible, y eso es responsabilidad tuya.

Necesitan un ejemplo de que sí se puede conseguir, y tú romperás la maldición pasada que ha ido heredándose de generación en generación, serás la chispa que encenderá la hoguera.

Por muy difícil que sea el camino que estás transitando, la primera vez que te adentras en él, aunque sea doloroso y tengas adversidades, es más fácil seguir adelante **porque no conoces el dolor de lo que va a venir**; es una situación nueva para ti que vas descubriendo poco a poco y no sabes lo que te va a ir deparando el camino.

Por el contrario, si abandonas un objetivo, cuando vuelvas a empezar en otro momento será mucho más difícil porque ya sabrás el dolor que vas a sufrir y no querrás pasar por ello.

A continuación, un claro ejemplo:

EL FUMADOR

Un ejemplo es el caso del fumador que quiere dejar el tabaco, lo intenta la primera vez y le va a costar, no será fácil, irá experimentando en su cuerpo el síndrome de abstinencia, y será doloroso, pero si sigue adelante lo conseguirá.

Si a mitad del proceso, o en cualquier momento posterior, vuelve a fumar, la siguiente vez que intente dejarlo será mucho más difícil porque ya conoce el camino, sabe el proceso que le espera, y como el síndrome de abstinencia es muy doloroso querrá evitarlo.

Es tu obligación moral seguir adelante. Cuando estás bien, late tu corazón, pero, cuando estás mal, cuando estás triste o deprimido, el corazón no se para, sigue latiendo, no se rinde, ¿verdad?

Él no te abandona, y claro que es doloroso cuando te enfrentas a una situación complicada, sea la que sea, y parece que no encuentras otra salida. A tu alma le duele, tu corazón sufre, pero él no se para, no deja de latir, incluso a veces late más rápido y más fuerte para bombear más sangre y ayudarte a salir de esa situación; **el corazón es un gran ejemplo**. Entonces, si él no abandona…

¿Por qué tú sí?

Cuando tengas una difícil situación, aprieta con todas tus fuerzas, empuja con todo, aguanta, aguanta, aguanta, y verás la recompensa que hay detrás.

Cualquier problema que tengas se puede solucionar, tienes que salir de ahí mentalmente y elevar tu vibración por encima del problema con pensamientos superiores, y a partir de ahí verás cómo te llegan soluciones.

¡¡No mires el problema y enfócate en la solución!!

En la tercera parte de la trilogía, *APTO*, te contaré una situación muy difícil y cómo salí adelante.

EL DOLOR Y LA FELICIDAD

Tú eliges TU PROPIO CAMINO, te centras en el problema o en la solución.

Como decía anteriormente, tendemos a enfocarnos demasiado tiempo en el problema, depositando toda nuestra energía en él, en lo negativo, y no en la solución, y es cierto, pero a veces se nos hace prácticamente imposible escapar de ese problema porque no sabemos cómo afrontarlo, dificultando con ello el ser felices.

¿Por qué?

Porque mientras no sepamos cómo enfrentarnos a él nos estará causando una limitación y a la vez estará presente en nuestra mente día tras día.

En este caso, un problema en nuestra vida puede estar ocasionado por causas físicas, siendo un impedimento para realizar las tareas cotidianas, aumentando el estrés, haciendo que entremos en un estado de apatía y falta de motivación.

¿Cuántas personas viven con el dolor sin saber muy bien qué hacer, utilizando como única solución los fármacos, que en la mayoría de los casos solo funcionan un tiempo y acaban produciendo otros problemas adicionales?

Me refiero al dolor crónico.

Seguro que alguna vez has estado, o estás, inmerso en una situación parecida a esta que te voy a relatar brevemente. Atento, que tengo las claves para ayudarte.

Esto mismo me ocurrió en el año 2016, cuando terminé la etapa de competiciones a causa de una lesión crónica en la rodilla (tendinopatía rotuliana y condropatía de cuarto grado) que llevaba arrastrando los últimos nueve meses, y empecé el proceso de recuperación.

Pensaba que sería cuestión de pocas semanas, pero no fue así. Fueron pasando los meses y, al ver que mi cuerpo no mejoraba, entraba en apatía y tristeza. Como no sabía dónde buscar, mi mente estaba enfocada todo el día en el dolor, pasaba el tiempo y seguía sin recuperarme, *optaba por la comida basura para sentir algo de placer y la falta de ejercicio acrecentaba el problema.*

Todos los médicos que consultaba afirmaban que tendría que dejar el deporte o que la única solución sería pasar por quirófano, y tampoco me aseguraban la recuperación completa, incluso podría quedar peor.

La verdad, no daba crédito. Siempre pensé que habría otra solución, me negaba a conformarme con esos diagnósticos tan negativos. Seguí buscando porque había algo que me decía que no debía conformarme, y tras varios intentos finalmente encontré al especialista en traumatología que cambió mi paradigma, el **Dr. Pablo Martínez,** quien, con un conocimiento y experiencia sin igual, trató mi lesión no como un dolor localizado en la articulación, sino como algo más complejo. Realizó conmigo un trabajo integral, y me recalcó que lo último sería la operación, no sin antes probar otras cosas, como **el trabajo mental, algo que me dio esperanzas.**

Y así fue, haciendo todo lo que me dijo logré recuperarme de mi lesión en un tiempo récord.

Después de haber pasado dos años, de 2016 a 2018, durante los que otros tratamientos y profesionales habían fracasado incluso aplicando los últimos avances de la medicina, ahora en muy poco tiempo **se había producido un milagro.**

Al empezar a trabajar con él llegué a una **revelación**:

La mayor parte de mi problema no estaba en el tejido dañado.

Recuerdo que, debido a mi desesperación, llegué a gastarme dos mil euros en un tratamiento con infiltraciones de Factores de Crecimiento Plaquetario, más conocido como PRP (Plasma Rico en Plaquetas). Se trataba de una extracción de sangre de mi propio cuerpo, la cual sometían en una máquina centrifugadora a un proceso de separación mediante el que quedaban concentrados los factores de crecimiento con un color amarillento, y a continuación estos se inyectaban en el lugar de la lesión con el fin de producir una concentración masiva de estos factores en el tejido dañado para acelerar la regeneración y la recuperación.

El protocolo constaba de tres infiltraciones en un periodo de un mes. Repetí el proceso completo durante dos veces en un año.

Es considerado un tratamiento de última generación y es utilizado por deportistas de más alto nivel. Sin embargo, no me había producido efecto, ya que tenía una degeneración articular y, según los traumatólogos, el cartílago no se regenera. Todos los médicos anteriores me habían dicho que no era posible la recuperación y yo los había creído.

El dolor punzante persistía, parecía ser debido a la erosión que se había producido en el fémur por contacto directo con la rótula al tener el cartílago que hacía de separación entre ambos totalmente desgastado.

Me sentía condenado a vivir con ello.

En aquel momento reinaba en mí una actitud de pesimismo, derrota y fracaso. Era presa del victimismo, con pensamientos negativos y emociones negativas, sintiendo el dolor de rodilla continuamente cada vez que me levantaba de la cama y empezaba un nuevo día, maldiciendo mi vida y mi suerte, sin darme cuenta de que el proceso de enfermedad de dolor crónico me lo ocasioné yo mismo.

A posteriori, investigando las causas que lo originaron, aunque podría parecer algo accidental que ocurrió de repente, no fue algo fortuito, tuvo un proceso de gestación que no era visible para mí y que, con mi actitud, me encargué de mantener.

Todo nuestro cuerpo está interconectado, pero yo no quería escuchar las señales. La mala posición de la rodilla unida a mi ego en los entrenamientos había ocasionado el desgaste.

Me di cuenta de que el factor principal de la recuperación fue que el tratamiento del dolor crónico no se centró solo en lo físico, en el tejido dañado, sino que, gracias a los consejos del doctor, apliqué un **cambio radical en mí, di un giro de 180 grados en mi mentalidad, y como consecuencia _cambié de actitud_.**

Pasé de operar en la negatividad para hacerlo en la positividad. Dejé de culparme, machacarme, odiarme y de odiar al destino; abandoné el sentimiento de frustración y empecé a prestarme cariño, amor y comprensión.

Pero quizá ese cambio de paradigma que me llevó a la recuperación estuvo gestándose dentro de mí durante mucho tiempo a base de desengaños constantes cada vez que salía de una consulta médica con malas noticias. Mi sistema de creencias iba perdiendo fuerza, hasta que llegó un punto crítico, un momento en el que se produjo un cambio de dirección en el camino, entonces _**dejé de culpar a todo y decidí salir del victimismo y entender que estaba produciendo yo el dolor y cómo solucionarlo**_.

El cambio no estaba en las circunstancias externas (en los tratamientos o en el profesional), _estaba dentro de mí_.

Este cambio de actitud impulsado por unas nuevas creencias es lo que solucionó mi problema y me llevó al interés por el estudio de la metafísica y a integrar nuevos conocimientos para obtener resultados diferentes. Si yo había podido cambiar mi mente y solucionar mi problema, podría inspirar a otros a hacer lo mismo.

Abrí la mente a una nueva posibilidad, a un nuevo paradigma, a una nueva forma de pensar, sentir y actuar, donde hay un universo lleno de posibilidades infinitas para poder ofrecerte, querido lector, una herramienta más para mejorar la salud.

¿CÓMO SOLUCIONAR EL DOLOR?

Para poder solucionar la situación es necesario entender el dolor, es decir, ir a la raíz del problema, si no todo lo demás son parches que lo único que hacen es enmascararlo y retrasar la solución o, en el peor de los casos, empeorarla.

Si logramos saber cómo se produce y llegamos a entenderlo, podemos establecer varias vías de actuación.

Según la Sociedad Española del Dolor, se sabe que el dolor es una experiencia humana universal que se produce cien por cien en el cerebro. Esta afirmación incluye todo tipo de dolor sin importar cómo se sienta, si es un dolor punzante, fuerte o suave, ni la duración. Si puedes sentirlo durante semanas o meses, es conocido como el dolor agudo.

El dolor agudo es común en lesiones del tejido, como pueden ser problemas de espalda, un dolor de rodilla o un esguince de tobillo, y generalmente te animarán a permanecer activo y a volver gradualmente a tus actividades y tu trabajo.

Por el contrario, puede que el dolor lo hayas tenido durante un periodo de tiempo de tres meses o más, entonces es conocido como dolor crónico, y en este caso **la lesión no es el problema principal.**

En lo que no hay demasiada claridad es en saber qué hacer al respecto cuando te dicen que tienes dolor crónico.

El dolor crónico afecta al 20 % de la población mundial. Tener un cerebro que produce dolor continuamente, incluso cuando la lesión está curada, nos lleva a un sentimiento de desesperación, aumentando la ansiedad y el estrés.

Algunas personas, ante la incapacidad de mejorar, se obsesionan y acaban por buscar cosas donde no las hay, pensando que aún puede persistir la lesión y que no está curada totalmente.

Cuando se descarta la existencia de algo peligroso, el médico explica a los pacientes que la mayoría de lesiones se curan en un tiempo de tres a seis meses, llegando así al entendimiento de que *__el dolor que se sigue produciendo en el cerebro no tiene que ver con los cambios que han sufrido los tejidos corporales, sino con la sensibilidad del sistema nervioso__,* convirtiéndose en un problema más complejo.

Aquí es donde comienza la tarea principal: volver a *__enseñar a nuestro cerebro, y al sistema nervioso__,* y __entender que puede estar contribuyendo a tu experiencia individual de dolor.__

De nuevo, los pensamientos y las emociones juegan un papel determinante en nuestra calidad de vida al estar ampliamente relacionados con el dolor, que a su vez están relacionados con nuestra forma de reaccionar al estrés.

¿Cómo reaccionas ante el dolor?

Tu manera de pensar errónea se repite continuamente, tu mente *busca sentir algo de placer a corto plazo* lo antes posible y así dejar de pensar en el dolor por unos minutos, pero *estás reforzando sin darte cuenta el mal funcionamiento de tu sistema nervioso, y con ello alargando la experiencia de dolor.*

¿Qué debes hacer?

En la tarea de rehabilitación es **necesario** abrir el campo de miras, es decir, **contemplar otros factores** que puedan estar contribuyendo al dolor persistente, realizando un **<u>tratamiento integral</u>, e incluyendo no solo tratamiento médico, sino también *<u>modificando el estilo de vida, la alimentación y posibles hábitos tóxicos</u>.***

La medicación puede ayudar por un tiempo, pero si no tomas la determinación de que solo es una ayuda para iniciar el tratamiento y que tú tendrás que cambiar hábitos, teniendo en cuenta que esto es tu responsabilidad, no saldrás del problema.

Siempre buscamos la solución rápida. Cuando la lesión persiste durante un largo periodo de tiempo, para evitar el dolor pensamos que la cirugía solucionará el problema, y para tratar un dolor crónico puede no ser la solución más acertada, es más, deberías buscar otras opiniones y no quedarte solo con la primera, ya que en algunos casos incluso puede agravar el problema.

¿Cómo están afectando tus pensamientos al sistema nervioso?

El dolor perjudica seriamente la vida de las personas, modificando los niveles de estrés y su estado de ánimo.

Cuando tú cambias, todo cambia, por tanto, es hora de cambiar las creencias que te están manteniendo en la situación, ya que tú no te estás dando cuenta de la importancia que tienen y de cómo están afectando a tu felicidad.

Pero como no es fácil y en la mayoría de los casos no se produce *ipso facto*, para empezar, debes **agregar técnicas para reducir el estrés, que te ayudarán a mejorar el bienestar emocional y reducir el dolor.**

¿Cuáles son esas creencias?

Creer que otra persona solucionará tu problema, en este caso el médico, sin tú hacer nada a cambio, porque los cambios son dolorosos, **tanto los físicos como los mentales,** y conllevan esfuerzo por nuestra parte. Cambiar hábitos es complicado, y más cuando llevas demasiado tiempo haciéndolos. ¿Te imaginas empezar a comer con la mano no dominante? ¿Cuánto aguantarías?

Puede que creas que la medicación te va a solucionar totalmente el problema, pero no es así.

Claro que te puede ayudar si cambias la creencia de que todo el trabajo debe hacerlo la medicación por otra creencia nueva, la de que *pienses, sientas y actúes* desde la responsabilidad de que *tú*

**tienes la llave maestra** **para curar tu dolor y que la medicación forma parte de la ecuación, pero no lo es todo.**

Sin embargo, **mantienes una mala alimentación y/o vives con otros hábitos poco saludables, como puede ser el tabaco o el alcohol, o simplemente estar todo el día sentado frente al televisor.**

**Estos hábitos están afectando negativamente a tu sistema nervioso y no eres consciente, y si lo eres no estás dispuesto a renunciar a ese estilo de vida "cómodo" que te está perjudicando.**

**Es necesario que cambies tu alimentación y elimines hábitos tóxicos para tu salud. ¿Hasta qué punto tienes que esperar para hacer algo distinto?**

Veamos a continuación cómo los malos hábitos están relacionados con el dolor en función de cómo se expresa la inflamación corporal en diferentes tejidos.

DIFERENCIA ENTRE INFLAMACIÓN AGUDA DEL MÚSCULO E INFLAMACIÓN CRÓNICA DE BAJO GRADO

Los malos hábitos de alimentación, el sedentarismo y otros hábitos tóxicos pueden afectar negativamente al sistema nervioso en la recuperación de una lesión y, por tanto, persistir el dolor crónico, como vimos anteriormente, o contribuir al proceso de enfermedad, siendo la inflamación un factor mediador causante.

En este sentido, el tipo de inflamación y qué puede estar causándola juega un papel fundamental para nuestra salud.

Hay que establecer la diferencia entre inflamación aguda e inflamación crónica, siendo una positiva y otra negativa respectivamente.

La inflamación se considera de forma común como algo malo que se debe eliminar, pero hay que establecer una diferencia entre inflamación crónica de bajo grado y la inflamación aguda que se produce después de un entrenamiento de musculación.

La inflamación es una respuesta del sistema inmune en un área para reparar el daño del tejido y deshacerse de cosas que no le pertenezcan, como los virus.

La inflamación ocurre en respuesta a una infección, pero no solo ocurre en respuesta a esto, sino que se da en otros tejidos como las fibras musculares.

En relación a lo anterior, el entrenamiento de fuerza induce una inflamación en el tejido muscular como resultado del daño que se acaba de producir.

Esta inflamación es la que inicia el proceso de regeneración y posterior crecimiento muscular.

Una de las protagonistas del proceso inflamatorio es la ***Interleuquina 6*** (IL-6), siendo una molécula que actúa como señalizadora.

Esta citoquina puede actuar como proinflamatoria en la sangre y como antiinflamatoria en el tejido muscular, esto va a depender de la concentración y de cómo fue estimulada, si por el tejido adiposo o por la contracción muscular.

Elevados niveles de esta citoquina (IL-6) **en reposo indican inflamación crónica**, siendo una condición perjudicial para el organismo. Por otro lado, relacionada con el entrenamiento contribuye a **lesiones en articulaciones, niveles bajos de testosterona y dificultad para ganar masa muscular**. Sin embargo, picos agudos de (IL-6) son necesarios para comenzar la recuperación después del entrenamiento.

Por lo tanto, elevaciones agudas derivadas del entrenamiento nos benefician y, por el contrario, inflamaciones crónicas en reposo nos perjudican **para el crecimiento muscular y para la salud.**

Teniendo en cuenta lo anterior, a medida que tengas más grasa corporal más inflamación tendrás, siendo el tejido graso quien secreta esta citoquina proinflamatoria.

*El escenario ideal es un nivel **bajo** de **inflamación** en **reposo** con picos elevados después del entrenamiento para empezar el proceso de crecimiento muscular.*

¿Qué puede estar causando esta inflamación crónica?

El azúcar en sangre es inflamatorio, y la resistencia a la insulina y la grasa visceral contribuyen a la inflamación crónica.

Estos procesos son derivados de la mala alimentación (consumo de ultraprocesados), tabaquismo, alcohol, sedentarismo, estrés y la falta de sueño.

A continuación, verás cómo influye en la inflamación crónica el consumo de estos productos procesados y cómo perjudica tu salud derivando en otras patologías.

ALIMENTACIÓN SEGURA VS. SALUDABLE

Hay que diferenciar dos conceptos en la industria, que sea un alimento seguro y cumpla con la normativa para consumo no quiere decir que sea saludable.

Los problemas que derivan en una mala salud no solo provienen de nuestro funcionamiento interno, sino que hay otros factores externos que contribuyen, como son los productos sintéticos, plásticos, colorantes artificiales, insecticidas que vierten sobre algunos alimentos y edulcorantes artificiales (en menor medida), entre otros; todos ellos debilitan el cuerpo.

Algunos compuestos son utilizados por la industria para fabricar productos de alimentación, y son los llamados ultraprocesados.

Está demostrado que estos compuestos afectan al entorno químico del celebro y de la sangre e influyen en las conductas, en las emociones y en los trastornos mentales, según un *estudio de Hawkins y Pauling de 1973*.

Todos los productos que se venden son seguros, ninguno de ellos te va a matar (a corto plazo), si no, no los tendrías al alcance de la mano en las estanterías de los supermercados, claro está.

La gran mayoría no son nada saludables, creando algunas alteraciones en el consumidor. Estas alteraciones tienen el único fin de aumentar las ventas, que es para lo que están fabricados, pudiendo desencadenar enfermedades a largo plazo.

Estos productos aportan poca saciedad, por lo tanto, hacen que comamos más, lo que se traduce en un mayor aporte de calorías para nuestro cuerpo, contribuyendo al sobrepeso y a la obesidad.

Además, tienen poca densidad nutricional (no aportan nutrientes esenciales), sumado a que están desplazando a otros alimentos de calidad que sí los contienen.

Están aportando a tu organismo aditivos perjudiciales para la salud, como demuestra el estudio anterior y otros más, que acabarán desregulando el funcionamiento normal de tu cuerpo, llevándote a la enfermedad a largo plazo.

Al final, todo es un negocio y el empresario quiere ganar dinero, y sabe cómo hacerlo:_creando este tipo de productos.

Detrás de esto se esconde una gran maquinaria, y el perjudicado es el consumidor, que cada vez tiene más difícil luchar contra ellos debido a su omnipresencia.

La formulación es insana, pero la gran cantidad de dinero que hay invertido en campañas de publicidad, que se encargan de que veamos a todas horas, hace que consumirlos entre dentro de la normalidad, **facilita su venta**.

A base de publicidad su intención es clara: que veamos que están en todos sitios. Además, si la gran mayoría de la población los compra, están logrando que entren dentro de "la normalidad", por tanto, _**tú acabas pensando que son buenos productos.**_

**El consumidor se hace una pregunta: "¿Cómo va a permitir el gobierno y los organismos de salud que se comercialice algo insano?"; llegando a la conclusión de que si fuesen perjudiciales no los venderían, por tanto, acaban en la cesta de la compra.**

Esto ocurre con los más pequeños y también con los mayores, sin ser conscientes de que a largo plazo son capaces de producir efectos negativos en nuestra salud.

Por no hablar de todos los intereses económicos que hay detrás de todos los estudios científicos que avalan el consumo de estos productos, la gran mayoría con sesgos, pues lo que interesa es demostrar que se pueden consumir para así reforzar la credibilidad en el consumidor, de lo contrario, el estudio no sale a la luz pública.

Al final el dinero todo lo puede, y harán lo necesario para seguir aumentando el negocio.

Pero vamos por partes para que entiendas cómo funcionan.

La formulación:

Está demostrado que están formulados a base de compuestos perjudiciales para la salud física y emocional, ***crean adicción al consumo e influyen negativamente en nuestras emociones.***

Además, contienen azúcares añadidos, harinas refinadas, aceites vegetales refinados y aditivos.

HIPERPALATABLES: la combinación del color, el olor, el sabor a grasa, los azúcares y la sal y la textura, junto con los aditivos, los hacen irresistibles, aumentando el gusto por estos productos, algo con lo que no pueden competir los alimentos naturales.

Con esta combinación ***estimulan nuestro centro de recompensa.*** Incluso el recordar una experiencia pasada nos lleva a salivar, aumentando el deseo antes de comerlos, llegando a priorizar el consumo de estos productos y ocasionando la cascada de desregulación corporal: **inflamación, obesidad y enfermedad**.

Contienen la formulación perfecta, aunque intentes imitarla en casa no podrás, no tienes los medios para producir la textura, el olor y el sabor, produciendo una explosión de sabores incomparable.

Uno de los principales compuestos es el azúcar, que incrementa nuestro gusto por la comida, aumentando la percepción del placer; cada vez necesitamos comer más cantidad para sentir el mismo placer.

El azúcar actúa en nuestro cerebro como si de una droga se tratase, con el mismo mecanismo, **creando la adicción necesaria para facilitar su ingesta.** También aumenta la liberación de dopamina, incitando al consumo.

Cuando actúa esta hormona, te empodera para conseguir este producto, tu deseo de conseguirlo se vuelve una prioridad difícil de controlar porque ya sabes el placer que te va a producir y, a su vez, no conseguirlo puede desencadenar la frustración, modificando tus emociones al polo negativo.

He llegado a ver comportamientos fuera de lo común, y seguro que tú también, por consumir estos productos. He visto a mis compañeros de piso salir de madrugada a comprarlos, personas discutiendo en un supermercado por la última unidad de una marca determinada, etc. Una vez que se manifiesta el deseo en tu cabeza, haces lo necesario para conseguirlo, justificando su consumo si es necesario.

A medida que aumenta el consumo se **crea tolerancia**, es decir, que conforme aumentas la exposición a estos productos tu cerebro los tolera mejor, de modo que para sentir el mismo efecto placentero **cada vez necesitas consumir más cantidad,** al igual que ocurre con las drogas, por eso no es casualidad que la mayoría de los productos lleven azúcar.

La diferencia reside en que las drogas crean adicción de manera más rápida.

Y recuerda la elevación de insulina que, con el tiempo, puede provocar resistencia a dicha hormona, como menciono en otra parte del libro.

La grasa y la sal:

La grasa da textura al producto, proporcionando esa sensación placentera en la boca, que parece que se pega a tu paladar.

Aunque la grasa está presente en otras combinaciones junto con el azúcar, también puedes experimentar esta sensación cuando consumes en un restaurante una pizza, una hamburguesa o un plato de pasta. Estas tres opciones suelen presentarlas con gran cantidad de grasa, en este caso el queso, acompañado de gran cantidad de sal, potenciando así su sabor.

Estos tres compuestos (azúcar, grasa y sal) forman un tridente irresistible para el consumidor, elevando nuestras emociones ante el consumo.

Aunque el sodio (sal) es un mineral necesario para nuestro organismo, hay que establecer un término medio. Es igual de perjudicial tanto tomar demasiada, como no tomar ninguna, y precisamente estos ultraprocesados van cargados de sal con el fin de potenciar el sabor y hacerlos agradables al paladar.

Aditivos:

Los aditivos forman la última pata de la mesa, son compuestos químicos utilizados por la industria para garantizar la conservación de estos productos.

Al ser químicos hay miedo al consumo, sin embargo, no todos son perjudiciales.

Algunos alimentos procesados garantizan la seguridad alimentaria, son más baratos y con estos aditivos evitan echarse a perder.

De no utilizarlos, se desperdiciarían demasiados productos por no consumirse rápidamente, con la consecuente pérdida económica para el empresario.

Gracias a la inclusión de estos aditivos en el procesamiento se puede mejorar la calidad, la disponibilidad y la sostenibilidad, y pueden ser asequibles para personas que viven en la pobreza y desnutrición.

Es relativamente económico comprar un bote de conservas.

Todos estamos acostumbrados a ver las campañas navideñas de ayuda a los más necesitados en los supermercados en las que la totalidad de los productos que se envían a los países subdesarrollados son procesados, garantizándose así la llegada del producto en buen estado para su consumo.

La parte negativa es que algunos aditivos no solo se utilizan para potenciar la textura, el sabor y así hacer más agradable el consumo, sino que hay suficiente evidencia que indica que pueden perjudicar la salud.

Algunos aditivos parecen ser seguros en las dosis recomendadas, el problema es cuando su consumo es excesivo.

Entre los efectos negativos de algunos de ellos destacan:

Colorantes: pretender hacer atractivo el producto para su consumo. Seguramente recordarás el color anaranjado de la paella, que se asocia según algunas fuentes con el cáncer, pero según la evidencia no representa un problema real.

Emulsionantes: su objetivo es aumentar la textura y unificar todos los ingredientes para hacer atractivo el producto y así aumentar el consumo.

Conservantes: garantizan que el producto se mantenga en perfectas condiciones durante más tiempo, y destacan por sus efectos negativos los nitritos que contienen algunas carnes procesadas y que forman compuestos cancerígenos. De ahí la tendencia de etiquetar a toda la carne como producto cancerígeno, sin hacer distinción entre carne procesada y la no procesada. La evidencia actual no muestra un peligro real por consumir carne sin procesar.

Potenciadores de sabor: destaca el glutamato, que aumenta el deseo y el placer, y, unido a las grasas y azúcares, hace irresistible el producto a nuestro paladar, por lo que no puedes parar de comerlo, aumentando descontroladamente la cantidad de calorías ingeridas.

Edulcorantes: tienen la función de esconder el sabor real de los alimentos con el fin de aumentar su consumo. Sabemos la adicción que provoca el azúcar, por lo tanto, intentan emular la sensación y todo acaba siendo dulce, perdiendo el sabor original de los alimentos. Con la idea de que la mayoría de ellos no contienen calorías, el ser humano se toma la libertad de sustituirlos por el azúcar, creyendo que está eligiendo una opción saludable. Sin embargo, aunque hay controversia sobre si afectan a la microbiota intestinal, habiendo estudios a favor y en contra, sí que está demostrado que estimulan el sabor dulce en la boca, LO QUE PODRÍA aumentar el apetito.

Por otra parte, un estudio que se realizó en personas obesas concluyó que experimentar el sabor dulce sustituyendo el azúcar por edulcorantes les ayudaba a crear adherencia a la dieta, concluyendo los investigadores que los edulcorantes son una herramienta segura y puede ayudar a estas personas en la pérdida de grasa.

Contaminantes: se forman durante la producción de determinados alimentos al someterlos a altas temperaturas superiores a 120 grados. La acrilamida se encuentra en la parte tostada de alimentos como las patatas fritas o el borde de las galletas, recientemente encontrándose en el proceso de tostado del café. Por lo tanto, utiliza un proceso de fritura a temperatura más baja, recomendando la Unión Europea, lavándolas con agua fría o escaldándolas en agua hirviendo unos minutos antes de freír las patatas.

Aunque estemos influenciados por la industria de los ultraprocesados y nos pongan a tiro de piedra el consumo, creen adicción y tengan el peso de la evidencia de que no son saludables, tenemos que hacernos responsables de lo que hacemos y la última palabra es nuestra. De lo contrario, nunca conseguiremos avanzar porque siempre la culpa de nuestros problemas será del otro, haciendo extensiva la responsabilidad a todas las áreas de la vida, por tanto, siempre buscaremos un culpable: los ultraprocesados, los médicos, los jefes, los gobiernos, etc.

Es tu sistema de creencias el que falla. De este modo, se trata más de cambiar nuestra mente y concienciarnos de la importancia para la salud de elegir productos de calidad que de intentar cambiar la industria, lo que, por otra parte, sería ideal, pero es más difícil, para que nosotros tengamos el control pleno de nuestra vida y nuestras decisiones. De lo contrario, inevitablemente caeremos en el victimismo en el que viven la mayoría de las personas, que no mejoran sus vidas. Tienes derecho a saber la información nutricional de lo que comes y las reacciones que provoca en tu cuerpo, pero tú eres quien elige tu propio camino.

El *marketing*:

Se hace difícil escapar al consumo de estos productos cuando existe una gran campaña de publicidad a todas horas y en todos los lugares.

Desde que enciendes la televisión hay muchos anuncios sobre ello, también carteles por todos los rincones de la calle, e incluso esta publicidad llega a las redes sociales, donde estas empresas pagan a famosos o *influencers* (personas con multitud de seguidores) por promocionar de sus productos, llegando hasta deportistas de alto nivel con contratos millonarios por salir promocionándolos. Como decía, el dinero todo lo puede.

No nos damos cuenta de que nuestro cerebro está sometido continuamente al bombardeo de estos productos con el fin de que entren en nuestra zona de confort y los veamos como algo normal.

De esta agresiva campaña publicitaria tampoco se escapan los más pequeños, siendo emitidos la mayoría de los anuncios para ellos en las horas clave de televisión, como durante el desayuno, e incluso con la compra obtienen juguetes de regalo con el fin de hacer el producto más atractivo y llevarlos al consumo.

Pero no solo el interior importa para el *marketing*, sino el exterior, el empaquetado de los productos, que los hace más atractivos.

La presentación es fundamental para hacerlos llegar al consumidor, **no hay una segunda oportunidad para causar una buena primera impresión**, y las grandes empresas de *marketing* lo saben muy bien, pues el consumidor en unos pocos segundos debe decidir qué producto comprar sin necesidad de pensar entre tanta competencia.

Por ello utilizan en sus envases colores vivos que llamen la atención en el supermercado a primera vista, con eslogan incluido algunos de ellos, como "más energía" o "más vitalidad".

Con la trampa de estar enriquecidos con vitaminas o algunos minerales pretenden engañar al consumidor haciéndole ver que son saludables, a la par que utilizan también el engaño de "producto *light*", o "bajo en grasa", creyendo entonces el consumidor que está comprando un producto que le ayudará controlar su peso, sin saber que los compuestos perjudiciales se encuentran en dicha formulación.

Esta frase llamativa no ocurre con los aditivos perjudiciales, que los ponen en letra muy pequeña en el etiquetado en la parte trasera del producto con una terminología y numerología que al consumidor le suena "a chino" y que, por lo general, la gran mayoría no sabe interpretar.

La potencia del *marketing* llega a tal punto que hasta los eventos deportivos son financiados por estos productos insanos. Es fácil ir a un partido de fútbol o baloncesto, o de cualquier otro deporte, y ver las vallas publicitarias con estos productos, normalizando con ello su relación con el deporte y, por tanto, siendo aceptados por el consumidor como "saludables".

Si un deportista de alto rendimiento lo consume, no debe ser malo, ¿no?

Para fomentar el *marketing* las grandes empresas tienen acuerdos millonarios con organismos oficiales dedicados a la salud, los cuales acaban estampando sus sellos en los productos con el fin de inducir engaño al consumidor, haciéndole creer que son productos de calidad. Por desgracia, en algunos casos la ética profesional también la compra el dinero.

Hasta en algún congreso de nutrición y salud que he asistido, por increíble que parezca, en los descansos ofertaban estos productos.

Como ves, se trata de un auténtico entramado de publicidad que hace que acabes comprando estos productos con una facilidad pasmosa.

El empresario sabe que su éxito de venta radica el 90 % en el *marketing* y publicidad y el 10 % en el producto.

Disponibilidad:

Es tan fácil llegar a estos productos que se hace casi irresistible su consumo. En relación con lo anterior, no tendría sentido que hubiese poca disponibilidad, por lo tanto, *marketing* y disponibilidad se vuelven un binomio inseparable.

Cada vez son más las empresas que rodean nuestras vidas, desde la aparición de grandes superficies, como supermercados, hasta tiendas veinticuatro horas o máquinas de *vending* que tenemos en nuestro propio trabajo, en el colegio o, en la actualidad, en la misma calle.

Y, por si fuera poco, aumenta la aparición de empresas de reparto de comida a domicilio para que no tengas ni que moverte de casa. Con este panorama se aseguran que sus productos lleguen a tu mesa.

El entorno es una pieza fundamental para la obesidad, al igual que para otras adicciones, como pueden ser las drogas o el tabaco. Si te rodeas de un entorno en el que tienes a tu alcance con gran facilidad estos productos, tarde o temprano caerás en sus redes, al igual que el drogadicto, si te rodeas de personas que consumen drogas o tabaco, **¡estás perdido!**

Pero el entorno no solo influye en el aumento de la obesidad, sino también en el empeoramiento de la salud. Aunque no tengas sobrepeso u obesidad, estás introduciendo estos compuestos en tu cuerpo, los cuales desencadenarán a la larga otras alteraciones metabólicas.

Por tanto, rodearte de un entorno obesogénico, con personas cuya alimentación diaria es a base de estos productos, frecuentan estos sitios de fácil acceso a este tipo de comida y tienen poca o ninguna actividad física, influye enormemente.

Tu cerebro utiliza esta estrategia para seguir consumiendo estos productos, porque es más fácil consumirlos que tener hábitos saludables y hacerte responsable de lo que consumes.

Es el engaño de tu mente para no sentirte culpable.

Tu cerebro requiere utilizar más energía para cambiar a otra situación y hábitos nuevos saludables que para mantenerse donde está, donde funciona de forma automática, como verás más adelante, y siempre optará por la comodidad. **La forma en que cambies la mentalidad marcará la diferencia.**

Si a esto le sumas que **la disponibilidad de productos saludables es infinitamente menor** y no tienen capacidad para luchar contra la oferta de estos productos insanos, unido a la falta de *marketing*, al final están condicionando de manera indirecta tu decisión.

¿Cuántos anuncios de comida saludable ves al cabo del día?

Seguramente ninguno, ***pero la última palabra la tienes tú.***

En tu mano está, júntate con personas que tienen el físico que tú deseas tener y frecuentan los lugares donde tú quieres estar.

Resumiendo:

Estos productos están formados a base de compuestos que se encargan de quitarnos la salud sin hacer ruido. Debido a las alteraciones que ocasiona la formulación en nuestro cuerpo, nos hacen que nos decantemos por ellos, por tanto, cuando introduces comida sin procesar ya no te gusta.

¿SABES QUE SOMATIZAMOS EL DOLOR? PARTE I

Echando la vista atrás, volviendo a la relación del dolor crónico y la felicidad, unido a todo lo expuesto anteriormente, puede que hayas pasado una experiencia traumática, y esta experiencia está contribuyendo a dicho dolor y tú no eres consciente.

¿Cuál era tu situación personal cuando comenzó tu dolor?

A veces hay una relación entre la preocupación, el aumento de estrés y el agravamiento del dolor.

Puede que en el momento de la lesión o durante el proceso tuvieses un grado de preocupación mayor.

En este sentido una herramienta que puede contribuir al proceso de curación es reconocer emociones profundas.

Liberarlas cobra gran importancia, bien con una persona de tu confianza o acudiendo a un profesional.

Todos pensamos que no tenemos emociones profundas negativas, pero a lo largo de nuestra vida han sucedido numerosas situaciones dolorosas, unas más graves y otras menos, pero en el fondo han sucedido.

Puede que la mayoría ocurrieran hace tantos años que ya ni te acuerdes, pero si te sumerges en el proceso de recordar que ha podido suceder a lo largo de tu historia verás cómo empiezan a aflorar gran cantidad de estas situaciones.

Cuando cuentas esas emociones tienes que buscar un significado positivo a aquella situación.

Siempre hay algo positivo, aunque pienses que no. Por muy traumática que sea la experiencia, tienes que buscar la parte positiva, un aprendizaje, y **repolarizar** la situación en positivo, es decir, **¿para qué te sirvió esa situación?**

Por ejemplo, para hacerte una persona más fuerte, y ello te ha servido de entrenamiento para superar otros obstáculos en la vida.

Al encontrar la parte positiva a todos los traumas conseguirás recordarlos sin dolor.

Cuando tú estás sanando las emociones negativas, las dejas salir y, por tanto, dejas espacio para nuevas emociones positivas que te ayudarán al proceso de curación del dolor.

Puede que seas una persona introvertida y estés pensando que, si cuentas tus problemas, tus allegados te percibirán como una persona débil (esto es un error).

Es hora de cambiar esa creencia que está dificultando tu proceso de curación, haz algo distinto y HÁBLALO, no te quedes callado, verás cómo el resultado es diferente.

En cuanto a la actividad física, comienza por hacer cosas que no te produzcan miedo a hacerte daño, así el cerebro no se protegerá con dolor y poco a poco irás recuperando la lesión.

El dolor viene del cerebro, y reentrenarlo desde una <u>perspectiva integral</u> te ayudará a volver a la normalidad de tu vida. Si no sabes por dónde empezar, PIDE AYUDA.

SOMATIZAMOS EL DOLOR, PARTE II

Se sabe que ciertas reacciones fisiológicas que se asocian con emociones y actitudes negativas desencadenan enfermedades particulares, y a su estudio se dedica el campo de la psicosomática.

Estas emociones interfieren en la respuesta hormonal del organismo, modificando su función. El estrés disminuye la producción de las defensas, pero hay otros muchos ejemplos, como un estado repentino de nerviosismo, que puede desencadenar una elevación de la tensión y provocar un problema mayor.

Si te has parado a observarte alguna vez cuando has tenido que enfrentarte a algo desconocido, que te producía miedo, has notado cómo esa emoción negativa te ha llevado a debilitar tus músculos, y, por el contrario, si has modificado tu pensamiento, has cambiado la emoción y has sentido una gran cantidad de fuerza.

El cuerpo es un entramado de cables que están conectados entre sí, reaccionando en función del pensamiento presente.

Relacionado con el deporte, seguro que en más de una ocasión has oído hablar de la conexión mente-músculo, un término popular entre los levantadores de hierro y que todos los deportistas conocen, pero que no todos hacen de manera consciente.

Cuando practicas esto a diario y añades la experiencia de una emoción positiva y de euforia antes de un levantamiento, el resultado es muy distinto a cuando no elevas tu emoción antes de levantar la barra y simplemente piensas que no vas a poder. Y adivina qué pasa, que sientes la emoción negativa que debilita tus músculos y acabas fallando el levantamiento, y la carga que levantar en ambos casos es la misma. Solo es cuestión de cambiar el pensamiento y la emoción.

¿Qué pasa si es un esfuerzo prolongado?

Hay deportistas que, mientras entrenan, están pensando en lo que harán después o en sus problemas diarios, sin darse cuenta de que están repitiendo el programa mental y, por tanto, actuando de manera automática, lo que les lleva a los mismos resultados.

Por otra parte, el ganador centra todo su pensamiento en cómo mejorar, aplicando atención, energía y enfoque en un único punto, en su entrenamiento.

La diferencia entre estas dos clases de personas es la mente, ***el autocontrol que tienen de sí mismas.***

Cuando unos pueden dividir la atención entre el entrenamiento y pensamientos diferentes es porque están *realizando poco esfuerzo*.

A medida que aumenta el **esfuerzo físico durante** el entrenamiento, se requiere la mayor parte del tiempo *esfuerzo mental de autocontrol para resistir la necesidad de disminuir la intensidad*.

Estos dos pensamientos, tanto el autocontrol como el pensamiento deliberado, hacen uso de la misma fuente de esfuerzo, compiten por los recursos del mismo sistema del cerebro.

El psicólogo **Daniel Kahneman,** *Premio Nobel de Economía, lo explica en* Pensar Rápido, Pensar Despacio: *para la mayoría de personas mantener coherencia en un pensamiento y esfuerzo ocasional del pensamiento* **requiere la mayor parte del tiempo autocontrol.**

Además, sospecha que cambiar frecuentemente de tareas y el trabajo mental apresurado **no es intrínsecamente placentero** y la mayoría de personas **lo evitan en lo posible.**

Por eso la llamada **ley del mínimo esfuerzo**, que es una verdadera ley ***porque mantener una línea coherente de pensamiento requiere disciplina,* y esto es lo que separa al campeón de los demás.**

Cuando nuestra mente, en un periodo de tiempo como el entrenamiento de una hora, nos saca del foco de atención, pensamos que es un impulso a escapar y determinamos que dicha actividad requiere más autocontrol del que somos capaces de dar.

Seguramente esta situación te haya ocurrido en otras tareas, por ejemplo, cuando **cedes a la tentación repetidas veces entrando a las redes sociales o al WhatsApp durante una hora de estudio** y llegas a la conclusión de que quieres escapar de realizar la tarea de estudiar y que realizar dicha tarea requiere más autocontrol del que eres capaz.

Pero no siempre es así, y hay personas que a veces son capaces de realizar grandes esfuerzos durante periodos de tiempo prolongados **sin aplicar mucha fuerza de voluntad.**

El psicólogo **Mihaly Csikszentmihalyi en 1990** acuñó la atención sin esfuerzo con el nombre de **FLUIR** en el estudio *Flow: The Psychology of Optimal Experience.*

Las personas que experimentan esto afirman una concentración sin esfuerzo tan profunda que son capaces de olvidarse del tiempo y de sus problemas, describiendo un gran estado de felicidad, que el psicólogo llamó "experiencia óptima".

Resumiendo:

Hay dos formas de esfuerzo:

1- El ***autocontrol***, que requiere disciplina por nuestra parte para mantener el pensamiento en lo que hacemos.

¡¡ATENCIÓN, ENERGÍA Y ENFOQUE!!

2- El ***Fluir***, que requiere esfuerzo sin ejercer autocontrol o fuerza de voluntad, **liberándose los recursos precisos.**

¡¡PODER DE INTENCIÓN!!

Decisiones de la mente:

Aquí entran en juego los dos sistemas de pensamiento: sistema 1 y sistema 2.

El sistema 1 es rápido y automático, actúa con poco esfuerzo o ninguno.

El sistema 2 realiza actividades mentales forzadas, cálculos difíciles.

Son varios estudios los que demuestran que las personas que se enfrentan a la vez a una tarea cognitiva exigente y a una tentación tienen más probabilidad de caer en la tentación, actuando el sistema 1 cuando el sistema 2 está ocupado.

Cuando nuestro sistema 2 del cerebro está ocupado en una tarea cognitiva, el sistema 1 tiene más poder en nuestra conducta, <u>debilitando nuestro autocontrol y cediendo a la tentación</u>.

<u>De ahí el ejemplo anterior de cuando estudiamos y nos entra un mensaje en el teléfono</u>, ¡ES DIFÍCIL NO MIRARLO!

Hay otras formas en las que está demostrado que perdemos la capacidad de autocontrol, como, por ejemplo, cuando bebemos alcohol, nos pasamos una noche sin dormir o tenemos una excesiva preocupación, por lo tanto, se pone de manifiesto que para tener autocontrol necesitamos... ¡¡¡ATENCIÓN, ENERGÍA Y ENFOQUE!!!

De ahí que los grandes deportistas centren su pensamiento en:

"¿Cómo mejorar la calidad de mi entrenamiento?", "¿cómo puedo dar más de mí para ofrecer a los demás?" o "¿cómo llegar a la excelencia en mi deporte?".

Pero voy más allá, hay una cualidad que los diferencia de los demás. **Ellos saben que tienen la capacidad de modificar el cerebro y el cuerpo a través del pensamiento. ¿CÓMO?**

¡Crean en su mente su **FUTURO!**

Viven continuamente en campos de alta energía con emociones positivas, seleccionando **los pensamientos adecuados.**

RECREAN una situación imaginaria muy concreta en su mente, en la que son los actores principales, es decir, ellos están viviendo la experiencia, y repiten estos pensamientos y emociones continuamente.

Un ejemplo podría ser imaginarse ganando una carrera, entrando en la meta.

Cuando esto sucede tu cerebro y tu cuerpo no diferencian entre lo que sucede en el exterior y lo que ocurre en tu mundo interior.

Por lo tanto, si te <u>comprometes</u> de verdad en realizar esta visualización y aplicas una <u>concentración muy intensa</u> en el mundo interno, sintiendo la emoción de que la visualización es un hecho, <u>TU BIOLOGÍA SE TRANSFORMA</u>.

Varios estudios muestran el poder del entrenamiento mental.

En un estudio de **Philip Cohen (2001)**, titulado **Mental Gymnastics Increase Bicep Strenght**, publicado en la revista *New Scientist* y llevado a cabo en la **Cleveland Clinic Foundation, en Ohio,** se pidió a diez voluntarios de entre veinte y treinta y cinco años que imaginaran flexionar uno de sus bíceps lo más fuerte posible en sesiones de entrenamiento cinco veces por semana. Los investigadores registraron la actividad eléctrica del cerebro durante las sesiones. Para asegurarse de que los voluntarios no estuvieran tensándose involuntariamente, también monitorearon los impulsos eléctricos en las neuronas motoras de los músculos de sus brazos.

Los voluntarios que pensaron en el ejercicio mostraron un aumento del **13.5 % en la fuerza después de unas pocas semanas sin mover los músculos en absoluto** y mantuvieron esa ganancia durante tres meses después de que finalizó el entrenamiento.

Los grupos de control que no realizaron el entrenamiento mental no mostraron mejoría en la fuerza.

Un ejemplo es el culturista **Arnold Schwarzenegger,** quien afirmó que, realizando sus entrenamientos de bíceps, sentía como si de grandes montañas se tratasen, y curiosamente era uno de sus músculos más desarrollados.

En otro estudio más reciente de **Clarck, Mahato, Nakazawa et al**. **(2014),** titulado *The Power of de Mind: The Cortex as a Critical Determinant of Muscle Strenght/Weakness* y publicado en la revista *Journal of Neurophysiology,* veintinueve adultos sanos completaron cuatro semanas de inmovilización muñeca-mano de la extremidad no dominante, catorce se sometieron a entrenamiento de cinco días/semana y los otros quince adultos sirvieron como grupo de control.

El resultado del estudio fue que el grupo que realizó entrenamiento de imágenes mentales produjo una activación regular de las regiones corticales, disminuyendo la debilidad muscular en comparación con los sujetos que no hicieron nada.

Los estudios demuestran que el entrenamiento mental mostró los mismos cambios en el cuerpo que si hubiesen entrenado físicamente.

En consecuencia, puedes llevar a tu cerebro y tu cuerpo a creer que una experiencia física ha sucedido sin llegar a vivirla en realidad.

Pero esto no va a suceder si no aplicas una y otra vez el entrenamiento mental, y repito, en la visualización tú eres el actor principal, lo estás viviendo en primera persona, con gran emoción. Tú estás recreando la situación real, no como si te vieras a través de una pantalla de cine y te vieses actuando, porque así no funciona y es un error común.

PROCESO DE ENFERMEDAD

La manera en cómo reaccionamos a un estímulo externo a través del pensamiento puede desencadenar la enfermedad. Si estás sumergido en un pensamiento negativo continuo, tus emociones varían la energía que se distribuye a tus órganos.

La rápida variación del pensamiento ante una situación de estrés puede cambiar la forma de expresarse de tus hormonas, entrando en situación de supervivencia.

En ese momento las hormonas del estrés toman el mando y se pone en marcha el sistema nervioso simpático que nos provee de cantidad de energía para afrontar el factor estresante. Por otro lado, a nivel fisiológico se dilatan las pupilas para ver mejor, aumenta el ritmo cardíaco y la respiración, aumenta la captación de glucosa por parte de las células de los músculos y aumenta la adrenalina y el cortisol, y todo ello para tener más energía. Este sistema nos prepara para la lucha o huida, nuestro cerebro primitivo activa el modo **supervivencia**.

El cuerpo está preparado para enfrentarse a estos estresores puntuales. Una vez que ha acabado la situación, vuelve en unas horas a la homeostasis, al equilibrio inicial.

Como ves, el cuerpo es una maquinaria perfecta, el problema viene cuando una situación que provoca estrés se mantiene constantemente y se convierte en estrés crónico, como puede ser la reacción diaria a un compañero de trabajo con el que no tienes buena relación, o con tu pareja, etc. Los mecanismos de supervivencia se activan igual, pero la situación no desaparece, por lo que pasamos a vivir continuamente bajo la presión de ese estrés. Entonces, dichas hormonas toman el mando de nuestra vida, imposibilitando recuperar el equilibro normal del cuerpo y, por tanto, **cambian la expresión de nuestros genes**, *incluso se crea adicción a la situación y cuanto más la repites más fuerte se vuelve la adicción, de modo que estás activando constantemente la misma red neuronal*.

En consecuencia, inconscientemente buscas la situación o la persona tóxica, con tu jefe a través de la crítica o con tu compañero de trabajo o tu pareja para **reafirmarte y sentir estas emociones,** las cuales sabes que quieres evitar y repites una y otra vez porque **te has vuelto adicto sin tú saberlo**.

Al prestar atención al exterior, se vuelve complicado salir de la situación.

Ningún organismo está preparado para soportar el estrés continuamente.

Por lo tanto, si hemos sufrido una situación de estrés o un trauma, como nuestro cerebro tiene la capacidad de revivir la situación o inventar una situación futura desastrosa, se están repitiendo continuamente las mismas reacciones químicas relacionadas con el estrés.

Cuanto más alto es el impacto emocional que expresamos ante un acontecimiento, más fácilmente se queda grabado en nuestro cerebro y más fácil es de recordar, formando parte de nuestra memoria.

Concluyendo, si diariamente estamos reviviendo emociones negativas, como el cuerpo no diferencia entre la situación real y el recuerdo, se **producen continuamente sustancias químicas nocivas en nuestro cerebro y en nuestro organismo, como si la situación que causó el trauma se estuviese reviviendo continuamente, por lo que acaban desencadenando la enfermedad.**

Lo he vivido en mi círculo más cercano, en mi familia.

Mi padre se obsesionó con el pensamiento de que no quería vivir, quería olvidar el hecho traumático que sufrió con cincuenta años.

A partir ahí comenzó con un estado emocional negativo que inundaba sus días y que le llevó a una depresión diagnosticada.

Lo revivía continuamente, a diario. Cada vez que alguien le preguntaba por su estado sentía las mismas emociones de pesimismo, rabia, culpa, frustración, miedo, ansiedad, preocupación y tristeza, produciendo las mismas reacciones fisiológicas en su cuerpo. Pensaba, sentía y actuaba como si el pasado fuera su presente, entrando en una espiral negativa que desencadenó lo que vendría después.

La rápida pérdida de memoria llevó a los médicos a realizar pruebas complementarias de imagen y funcionales, entre ellas el TAC (tomografía axial computerizada). A los pocos meses de la depre-

sión, adivina qué... acabó con una enfermedad neurodegenerativa, demencia fronto-temporal, en un tiempo récord, en un año ya tenía pruebas médicas suficientes y diagnosticada la enfermedad.

¡¡¡Él mismo predijo su futuro!!!

Según manifestaron los neurólogos que se encargaron de su caso, <u>todo se desencadenó por su reacción a un impacto emocional</u>.

A pesar de que las enfermedades neurodegenerativas pueden tener un componente genético, en su familia, en las generaciones anteriores que conocemos, no había habido ningún caso de esta enfermedad.

Se está debatiendo que otra opción que puede desencadenar este tipo de enfermedad mental es la hipótesis que baraja la comunidad médica, pero que de momento es solo eso, una teoría y no existe, y es la llamada **Diabetes de tercera generación o Diabetes tipo 3.** La ciencia confirmará con el tiempo si es acertada o equivocada, pero **el alzhéimer podría ser considerado este nuevo tipo de diabetes.**

La propuesta es que la diabetes tipo 3 se produce de la misma forma que las otras dos, y tanto **la alimentación** como los **contaminantes alimentarios** de los productos **ultraprocesados** que utiliza la industria *podrían estar relacionados con las enfermedades degenerativas como el alzhéimer.*

Aunque la rapidez de la aparición de la enfermedad, debido al fuerte impacto emocional negativo, hace pensar que tiene más bien un componente emocional, *como manifestaron los neurólogos*.

No nos han enseñado en el colegio a tener una mentalidad adecuada, ¿cuál debe ser el sistema de creencias adecuado para entender cómo funciona la vida?

¿Cómo reaccionar ante estas situaciones?

Desde luego, sumergirte en el pesimismo solo empeorará la situación. Es fácil decirlo, pero no hacerlo, lo sé, porque no nos han enseñado de otra forma.

Tengo la esperanza de que, si adoptamos una nueva creencia de afrontar las situaciones trágicas con un sentido diferente, como "algo normal", como un cauce de la vida por el cual todos debemos pasar, sabiendo que siempre se puede sacar algo positivo, algún aprendizaje, podremos evolucionar mucho más rápido y ayudar a nuestro alrededor a hacerlo.

El psiquiatra **Viktor Frankl** fue el primero que demostró con su experiencia personal y clínica que los acontecimientos emocionales y sucesos traumáticos cambian y se sanan considerablemente **cuando se los dota de un nuevo sentido.**

Él habló de su experiencia en los campos de concentración nazis, donde consideró el sufrimiento físico y psíquico como una oportunidad para lograr el triunfo interior.

"Todo se puede tomar de un hombre, menos una cosa: la última de las libertades humanas consiste en elegir la propia actitud ante cualquier conjunto de circunstancias, elegir tu propio camino".

(Frankl, 1954)

Como ves, esta corriente de pensamiento no es nueva.

A lo largo de la historia se han sucedido innumerables casos de curaciones milagrosas que la medicina no ha podido explicar.

En estas curaciones, que *a priori* parecían imposibles, las personas manifestaban una repentina elevación de la conciencia y **_pasaban a actuar en campos de energía positivos de manera radical, teniendo como patrón principal el amor incondicional._**

Pero este proceso, como todos los cambios, es doloroso porque implica cambiar toda la mentalidad, implica una transformación, tienes que negarte a ti mismo lo que ya conoces, la mentalidad que te ha acompañado durante toda la vida, y eso es difícil. A esto se le llama crecimiento, pero la mente se va a resistir por cuestión de ego, te va a cuestionar en todo momento, pero ahí es donde debes explorar una nueva visión, **perder el miedo a lo desconocido** y desapegarte de lo que ya conoces.

Debes olvidarte del rencor, del odio, de la venganza y del juicio constante; todo ello tiene efectos contra nosotros mismos y nos lleva a la enfermedad.

¡¡Como es dentro es afuera!!

Lo que piensas y sientes en tu interior es lo que estás manifestando continuamente.

Empieza prestando atención e intención a donde quieres estar, y tus conexiones neuronales empezarán a cambiar.

Donde va tu atención irá tu energía y <u>esa será tu realidad</u>.

VOY A PREDECIR TU FUTURO

Al cabo del día pasan por nuestra cabeza alrededor de sesenta mil y setenta mil pensamientos, y según la neurociencia todos los días estamos repitiendo el 90 % de ellos. Si en los miles de pensamientos reina la negatividad, por repetición de estas mismas emociones inconscientemente estamos sintiendo y actuando de la misma forma, *estamos viviendo del pasado continuamente y en base a ello prediciendo nuestro futuro.*

Párate un momento y vamos a analizar tu caso. Te suena el despertador, y conforme te levantas coges el teléfono para mirar tus redes sociales, los correos electrónicos o los wasaps. A continuación, te diriges al aseo a realizar tus necesidades y después a la cocina, a desayunar, y desde ahí te diriges al trabajo por el mimo sitio. Cuando llegas al trabajo, te relacionas con las mismas personas que ayer, vuelves a casa y ves la televisión a la misma hora, preparas la cena y te dispones a irte a la cama. Así, de forma inconsciente estás pensando, sintiendo y actuando diariamente casi de la misma forma, has formado un hábito y tu cuerpo actúa en modo automático mejor que lo hace tu mente. Estás actuando de modo inconsciente, y al día siguiente será una repetición casi exacta de este día, y así sucesivamente, por lo que día a día vas a repetir los mismos pensamientos, que te llevarán a sentir las mismas emociones y tomar las mismas decisiones, y, por lo tanto, a **tener los mis-**

mos resultados porque **_no estás dando opción a una experiencia distinta_**.

¡¡¡TU PASADO SE HA CONVERTIDO EN TU FUTURO PREDECIBLE!!!

Tu cuerpo ha sustituido a la mente, él ha tomado el control.

¿Cómo pretendemos cambiar o mejorar?

¡Es imposible, estamos repitiendo el patrón continuamente!

Llegados a este punto, en mi cabeza ronda una hipótesis.

Si por repetición en el tiempo de pensamientos negativos, que nos llevan a unas emociones y acciones negativas, somos capaces de modificar la expresión de nuestros genes y acabamos enfermando, pero, por el contrario, los cambiamos por unos pensamientos y emociones con intensidad de alta energía positiva y los mantenemos en el tiempo, elevando la conciencia, ¿podríamos sanar cualquier enfermedad?

Yo pienso que sí, y ya hay una gran cantidad de profesionales que reconocen esta corriente de pensamiento que afirma que somos nuestro propio medicamento. Asimismo, se han realizado estudios con pacientes a los que monitoreaban mientras realizaban meditación y respiración, sumidos en emociones profundas de amor y compasión, y observaban cómo cambiaba la química de su cuerpo, produciendo curaciones de diversas enfermedades.

La meditación consciente combinada con la respiración atendiendo al momento presente e intentando no dejar que tu mente vaya a pensamientos del pasado o futuro durante la misma, junto con expresar las emociones antes mencionadas, es una práctica que también lleva algún tiempo, como todo. Y, por desgracia, muchas veces ya se está acabando.

> Personas que obraron curaciones milagrosas manifestaron en común todas ellas que la clave fue que abandonaron totalmente quienes eran y se transformaron en personas nuevas, movidas por el amor incondicional.

Solo trato de exponer una herramienta más para mejorar la salud y que podamos derribar ciertos paradigmas en los que solo los fármacos sean la solución a nuestros problemas de salud. No deberíamos abordar las enfermedades solo como algo físico, sino como algo integral que depende de factores externos y, por supuesto, internos, donde la mente es lo más importante.

Es crucial SUMAR todas las fuerzas posibles para seguir creciendo y elevando la conciencia en el camino de la vida.

TU PROPIO CAMINO
¿ELIGES LA SALUD O LA ENFERMEDAD?

"Hablando del factor externo en la salud…".

Claro que es más difícil escalar una gran montaña que subir solo unos escalones, pero las vistas no serán las mismas.

Del mismo modo que es más "difícil" (tampoco es un misterio) prepararse una olla de lentejas en casa que comerse una pizza con salsas y un helado de postre o unas patatas fritas en aceite de mala calidad en un restaurante de comida rápida.

El resultado va a ser totalmente distinto:

Opción1: El camino de la buena alimentación, vivirás más y mejor.

Opción 2: El camino de los productos "basura", tendrás una vida más corta y de peor calidad.

Estamos rodeados de este tipo de productos insanos y, por lo tanto, se hace difícil escapar a su elección por todo lo nombrado en páginas anteriores.

A corto plazo, visiblemente parece que no pasa nada, pero sí pasa, lo único es que no lo ves. Dentro de tu cuerpo se están empezando a producir diversas alteraciones que te conducen a un empeoramiento de la salud, alterando todo el funcionamiento de tu organismo lentamente: inflamación corporal, estrés oxidativo, alteración hormonal y problemas intestinales; y todo ello con el tiempo predispone a la enfermedad.

El problema viene cuando aparecen estas enfermedades, pensamos que todo ha ocurrido de la noche a la mañana y que la genética o el destino son totalmente los responsables, y lo que ocurre es que no hemos sido conscientes de todo el proceso anterior.

Al igual que las lentejas se hacen a fuego lento, las enfermedades tienen el mismo proceso, no surgen de la nada.

¡En tus manos está!

Escoge el sistema de alimentación que más se adapte a tus necesidades, pero ten claro que tiene que ser con alimentos de calidad y no con la basura ultraprocesada.

Puedes implementar alguna de las estrategias de dieta que te he planteado en estos dos primeros libros para mejorar tu salud o salir del mal estado en el que te encuentras a causa de no haber hecho caso o no haber sido consciente de lo que ocurría en tu cuerpo con el consumo de este tipo de productos insanos, o, **por el contrario,** si quieres comer libremente sin necesidad de cuantificar tu comida, como venían haciendo tus antepasados. También te he presentado en este libro gran cantidad de información de cómo funciona la industria de la alimentación para que ya sepas qué es lo que estás comiendo y puedas elegir bien la materia prima.

Para resumir:

Para un camino saludable y exitoso, *la mayor parte de la alimentación se tiene que basar en alimentos <u>sin procesar en su mayoría</u>* y que provengan de la naturaleza, **"de la huerta a la mesa"**, *o con mínimo procesamiento, que también los hay con beneficios para la salud.*

¿Esto quiere decir que nunca puedes consumir alimentos ultraprocesados?

Tampoco.

Evitar el consumo de ultraprocesados sería demasiado difícil, tendrían que cambiar demasiadas cosas a distintos niveles, y a día de hoy con todos los intereses económicos que hay detrás y la disponibilidad permanente está complicado.

De manera eventual, si diariamente eres una persona saludable y físicamente activa, para una celebración, como una cena con amigos o algo esporádico, siempre que represente menos del 10 % de tu alimentación total, podrías incluir estos productos. Este es el concepto de **dieta flexible.**

En este tipo de alimentación, la mayor cantidad de lo que comes **(el 90 %) proviene de alimentos de calidad**.

ALIMENTACIÓN 90 %

Frutas, verduras, hortalizas, legumbres, frutos secos, tubérculos, algunos cereales y otros alimentos como el huevo, el pescado y la carne (sin procesar).

También algunos procesados, como el aceite de oliva virgen extra o de coco, y lácteos como el yogur; todos ellos nos hacen la alimentación más variada.

ALIMENTACIÓN 10 %

Hay algún caso que afirma que sujetos que comieron alimentos ultraprocesados, _dentro de un déficit calórico (gastar más energía de la que ingieres)_, mejoraron la salud en general.

Vamos a analizar los casos en profundidad.

Probablemente la mejora de la salud fue mediada por la pérdida de peso.

Es la famosa teoría de Calories In, Calories Out.

Pero cuando ahondamos en el experimento podemos observar cómo hay consecuencias negativas para la salud.

En un experimento, un _youtuber_ de Colorado, Anthony HOWARD-CROW, basó su dieta en helado, proteína y alcohol.

El experimento duró cien días, en los que logró bajar 32 libras de su peso con una dieta **hipocalórica** de 2.000 calorías al día, mejorando los marcadores de colesterol: disminuyó el colesterol malo (LDH), aumentó el colesterol bueno (HDL) y disminuyeron también los niveles de triglicéridos.

Si bien, los expertos aseguran que, aunque estas mejoras puedan parecer sorprendentes, son bastante normales con la pérdida de peso.

Pero no todo es de color de rosa, ya que Anthony confiesa que estaba *todo el día de mal humor.*

No había llegado a la mitad del experimento cuando empezó a *perder interés por todo, dejando de trabajar siete horas diarias en su canal de YouTube para hacerlo solo unos minutos al día, y a encontrarse cansado todo el tiempo.*

Gran parte del peso perdido fue a costa de *la masa muscular* debido a la poca cantidad de proteína ingerida.

A falta de un mes para llegar al final del experimento, *dejó de ir al gimnasio porque no tenía energía y perdió la ambición para hacerlo.*

Esto es un ejemplo de cómo los ultraprocesados pueden influir en las emociones, generando depresión, e impactar en ellas negativamente, bajando *nuestra energía.*

Y solo fueron cien días. ¿Cuál sería entonces el impacto de utilizar ultraprocesados de manera continua a largo plazo?

¡Inevitablemente la enfermedad!

En otro experimento pasó algo parecido.

A Pasquale Cozzolino su médico le dijo que si no bajaba de peso sufriría un ataque cardíaco. También sufría de dolor de espalda, de rodillas y tenía tres úlceras.

El protagonista de esta historia cuenta que perdió 97 libras con la dieta de la pizza.

Había llegado a un sobrepeso de 370 libras gracias al consumo de *ultraprocesados* (varias latas de refrescos azucarados al día, helados y galletas), sintiéndose mal física y mentalmente.

Se centró en la dieta mediterránea a base de frutas y verduras, comía la mitad de las porciones habituales y una pizza napolitana.

Pero la verdadera pizza era "dietética", tenía menos de 600 calorías para doce pulgadas, y sus ingredientes eran tomates, albahaca, aceite de oliva y solo unas onzas de mozzarella.

Además, la harina era especial, estaba sometida a un proceso de fermentación de treinta y seis horas, dejando que el proceso de fermentación, la levadura, se comiese la mayor parte del azúcar.

Durante el proceso también practicó clases de *kick-boxing* tres veces por semana. Después del experimento, afirmó no solo haber perdido el peso antes referido, sino que desaparecieron sus dolores de rodilla y de espalda, aumentó su energía y tuvo mejores digestiones.

Si analizamos el caso, el éxito se debió al cambio de ultraprocesados por frutas y verduras en su mayoría, ejercicio físico y déficit calórico.

RESUMEN DE EXPERIMENTOS

Ambos casos refieren que el éxito de la pérdida de peso se debió a ***comer menos de lo que gastaron***, independientemente de los alimentos que comieron, haciendo alusión a que no influiría la comida basura negativamente en su salud.

Esto sugiere que perder peso mejorará la salud de la persona obesa.

Pero como has podido comprobar, aunque en el primer caso Howard-Crow perdió peso y mejoró el colesterol, empeoró rápidamente la salud física y mental cambiando sus emociones, mermando sus capacidades diarias.

Por otro lado, en el caso de Cozzolino, los ultra-procesados lo llevaron a este estado deteriorado de obesidad y falta de energía física y mental, mejorando después con hábitos saludables, incluido el déficit calórico y el deporte.

En el capítulo dedicado al funcionamiento de los alimentos ultraprocesados expongo que las calorías importan y mucho, e impactan de diferente forma en nuestra salud.

Es probable que, a corto plazo, mejore la salud al bajar de peso, pero se sacrifican y empeoran otros aspectos, desencadenado alteraciones

metabólicas y hormonales, lo que conduce a la enfermedad.

Por otra parte, los alimentos procesados pueden ayudar a aumentar la adherencia en un entorno de pérdida de peso.

¡Sí, como lo estás oyendo!

Pese a que te pueda mostrar la cantidad de efectos negativos que tiene para la salud el consumir estos productos, la teoría sobre el papel es muy bonita, pero en la práctica es otra historia, y la experiencia me lo ha demostrado en la mayoría de los casos: **las personas acaban consumiéndolos de nuevo.**

Priorizamos el corto plazo comiendo estos productos, aunque a largo plazo tengamos consecuencias negativas.

Queremos evitar el dolor, el sufrimiento y sentirnos bien ahora mismo, y nuestra mente, el sistema 1, apoya esta opción, cediendo a la tentación.

Decirle a una persona obesa que pase de consumir estos malos productos a diario a quitárselos de su vida de forma radical es como querer sacar a un drogadicto del consumo de la droga de un día para otro. No digo que sea imposible y, de hecho, algunos lo consiguen, pero no es habitual ese cambio tan repentino.

¿Qué porcentaje de la población es capaz en la actualidad de volver a la alimentación que seguían nuestros ancestros y no consumir NINGUNO de estos productos?

Al ser humano no le gusta la prohibición. Basta con que algo no se pueda hacer para que nuestro cerebro lo quiera con más ansia, *todo unido a los efectos que producen estos productos en nuestras hormonas (como la gran elevación de serotonina y dopamina al consumirlos, creando adicción)*, *y se vuelve complicado entonces eliminarlos de nuestra vida de un día para otro.*

De nuevo, *estos cambios repentinos surgen cuando hay una situación de dolor para el sujeto, cuando la salud ha llegado a un punto crítico en el que incluso puede estar peligrando la vida, sirviendo de impulso que ayuda a salir de ese círculo negativo de adicción y enfermedad y, por tanto, a experimentar una elevación de la conciencia y cambio de hábitos.*

Sabiendo que, llegados a este punto de desesperación, se puede cambiar, *¿por qué tenemos que esperar siempre a sentirnos "con el agua al cuello" para realizar dicho cambio?*

Todos en algún momento de nuestras vidas hemos hecho algo grandioso, es decir, que ya lo sabemos hacer, **¡hagámoslo ya!**

Pero no lo hacemos porque preferimos la comodidad, por tanto, si no hay dolor, es muy difícil la transformación.

Yo propondría otro enfoque. No esperemos a la llegada de la enfermedad para empezar a tener buena salud, vamos a tomar conciencia y empecemos a cambiar el programa mental que estamos manejando.

Tienes que dejar de actuar como un enfermo, como alguien que no tiene las capacidades físicas adecuadas, y debes dejar de pensar que no tienes buena genética o, como piensa la mayoría que se excusa al llevar una alimentación no saludable, "que no pasa nada", etc.

Deja de pensar en pasado como la persona que has venido siendo, porque continuamente estás repitiendo la mayoría de los pensamientos de enfermedad, de falta de confianza en ti para cambiar, y sin darte cuenta está siendo tu realidad día tras día. Empieza a prestarle atención al futuro, a lo que quieres crear, a gozar de una buena salud, al cuerpo que quieres tener.

Empieza a formar un nuevo programa en tu mente, el cambio viene de dentro hacia afuera. Cuando la mayor parte del tiempo la pases seleccionando pensamientos sobre la persona saludable que quieres ser en el futuro, poco a poco dejarás de prestarle atención al pasado y te convertirás en esa nueva persona.

Siente que ya eres esa persona saludable y actúa como tal. Para eso tienes que enseñarle a tu cerebro cosas nuevas para formar un nuevo programa, y a base de repetición conseguirás integrarlas en tu mente y formar tu nueva realidad.

Si no persistes en esta acción, tu cerebro vuelve con facilidad a lo viejo y repite lo que ya sabe, por eso es importante mantener en tu mente todo el tiempo la visión de lo que quieres conseguir a largo plazo **(recuerda el autocontrol)**: el ser esa persona saludable con el físico que quieres.

Querido lector, puede que sea tu caso y que estés pensando ahora mismo que eres mayor para cambiar, que ya pasó tu tiempo y que tienes que resignarte con lo que tienes.

Se tiene la creencia errónea de que, llegados a un punto de nuestras vidas, ya no podemos cambiar, y nos consideramos viejos con sesenta años. Esto pertenece al inconsciente colectivo, a lo que piensa la mayoría de la sociedad, porque manejamos el programa mental equivocado, el que todos ellos manejan y pensamos que es la verdad, y acabamos creyendo que somos viejos.

La neuroplasticidad del cerebro es posible hasta la vejez, pero necesitamos entrenarla diariamente.

¿Cómo se consigue?

Desafiando tu mente, realizando pequeños cambios a diario, saliendo de la zona de confort, aprendiendo, entrenando, leyendo y estudiando cosas nuevas, creando hábitos, y así crearás nuevas conexiones neuronales.

Con información diferente crearás un programa distinto y desarrollarás nuevas habilidades. Tu cerebro es como un ordenador, tienes que crear un software nuevo, pero es más cómodo ver la televisión a todas horas y comer mal, ya que requiere menos esfuerzo. Por lo tanto, no es que seas viejo y creas que ya no se puede cambiar, es que te han enseñado ese programa mental, lo aceptas como algo normal y es cómodo para ti, pero ahora ***necesitas ver la otra cara de la moneda.***

Hay numerosos ejemplos de personas de edad avanzada que tienen resultados deportivos, desafiando así la creencia popular de que a partir de cierta edad ya no se puede. **Te demostraré que es posible** llegar hasta el final de tu vida con buena salud realizando deporte si te lo propones, incluso empezando a mediana edad:

- **Giuseppe Ottaviani** es un atleta italiano y ha sido el primero y el único atleta centenario en hacer triple salto. Tuvo el récord mundial en interiores para el triple salto y el salto de longitud, y el récord mundial al aire libre para el triple salto, y **actualmente tiene ciento tres años.**

- **Lewis E. Hollander Jr.** es un triatleta campeón del Ironman World Age Group y está incluido en el *Libro Guinness de los Records* por ser el más viejo en terminar el Ironman de Hawái, a los **ochenta y dos años**. Su récord ha sido batido por **Hiromu Inada**, quien terminó la edición 2018 del Ironman Hawái a los ochenta y seis años.

- **Hiromu Inada** es el atleta más longevo en completar un Ironman. A sus ochenta y seis años culminó los 3,8 kilómetros a nado, 180 sobre una bicicleta y 42 corriendo en 16 horas y 54 minutos**.**

- **Harriette Thompson** a los noventa y dos años se convirtió en la mujer más longeva en completar la maratón en San Diego, con un tiempo de 7 horas, 24 minutos y 36 segundos.

- **Fauja Singh** con ochenta y nueve años realizó su primera maratón. Su récord de maratón para mayores de noventa años es de 5 horas y 40 minutos, y lo hizo a la edad de noventa y dos años en el Maratón de la costa de Toronto en 2003. **En la actualidad, tiene ciento ocho años.**

- **Olga Kotelko**. Olga falleció en 2014, pero antes de ello se llevó más de treinta récords mundiales y más de setecientas medallas de oro en competiciones de su categoría, de noventa a noventa y cinco años.

Quizá conozcas a otros más populares:

- **La atleta *fitness* más longeva del mundo, que seguramente has visto en más de una ocasión en las redes sociales,** es *Ernestine Shepherd,* de **ochenta años.**

  Lo curioso es que no llevaba toda la vida entrenando, sino que *hasta los cincuenta y seis años llevaba una vida sedentaria*, trabajaba como secretaria y era reacia a realizar ejercicios físicos, pero afirmó después que el secreto de su éxito fue la paciencia y la constancia.

- El atleta de resistencia de **ochenta y un años, Francisco Contreras, conocido como SUPER-PACO** (recientemente fallecido, en octubre de 2019), es famoso en toda España por correr pruebas de ultradistancia, como los 101 kilómetros de ronda, realizando otras pruebas, como la Volta a Cerdanya, una prueba de 189 kilómetros en un día. ***Comenzó a correr pasados los sesenta años*,** cuando el médico le recomendó ejercitarse para controlar el colesterol, pero, según fuentes, estuvo relacionado también con el impacto emocional que recibió por la muerte de su esposa.

Después de ver estos ejemplos que muestran que no es cuestión de edad, tienes que saber que la mayoría de las veces el cambio no sucede rápido.

Por suerte, cada vez más personas van tomando consciencia de la importancia del cambio de mentalidad para tener buena salud.

VOLVIENDO A LA FLEXIBILIDAD

Durante esta transición, la clave para la alimentación puede ser utilizar ese 10 % de alimentos procesados que te ayuden a crear la flexibilidad necesaria, mejorando así la adherencia y facilitando la consecución de tus objetivos, pero siempre dentro de un contexto saludable, realizando a diario actividad y ejercicio físico.

Lo he visto en multitud de casos, en los que las personas se sumergen en pérdidas de peso y donde el éxito a largo plazo radica en la **flexibilidad, _hasta que logran cambiar la mentalidad_**.

Vivimos en un mundo en el que fallamos a nuestro compromiso con total impunidad. Empezamos los hábitos nuevos con muchas ganas, pero, cuando se presenta el obstáculo, el cuento se repite, porque le hemos enseñado a nuestra mente que al abandonar "no pasa nada", aunque la realidad es que sí pasa, que retrocedemos.

Por lo tanto, seguir una alimentación muy estricta de inicio de cambio de hábitos, por muy saludable que sea, es difícil para la mayoría, que optarán por el camino fácil ante la dificultad y no les costará ningún esfuerzo dejarlo.

Sin nada de flexibilidad estás destinado al fracaso. En la vida de todos existen las navidades, las bodas, los cumpleaños, etc.

Con esto **REPITO**: **no estoy incitando al consumo de ultraprocesados ni mucho menos**, **lo ideal es no comer estos productos**, pero para la gran mayoría de personas y en el mundo real en que vivimos consumirlos en alguna ocasión puede ayudarles.

> ¡¡¡Particularmente pienso que
> la dosis hace el veneno!!!

CONSIDERACIONES FINALES

- Si tú no inviertes tiempo y dinero en tu salud, nadie lo hará por ti, tarde o temprano tendrás que hacerlo.

- Invierte ahora en alimentos de calidad, que es invertir en salud, o invertirás en medicamentos en un futuro no muy lejano.

- La comunidad científica reconoce que la nutrición está relacionada con la salud. Esto es un hecho más que probado.

- La medicina se encarga de ayudarnos a curar cuando estamos enfermos, pero curiosamente no está interesada en la nutrición (sin duda, el gran tratamiento preventivo).

- No hay ni una asignatura de nutrición en la carrera universitaria de medicina. El estado que prepara a los alumnos para mejorar la salud del conjunto no tiene en cuenta en su plan de formación lo más importante, ¿no te parece sorprendente?

Esto no es de extrañar cuando en la carrera no hay un consenso en cuanto a la información que impartir a los futuros médicos. Dependiendo de la universidad en la que estudies, tienes un temario u otro; increíble, pero cierto.

- Por otra parte, la medicina tradicional no acepta demasiado bien otras innovaciones. Defender una posición establecida, aunque haya aplastante evidencia en su contra con otras alternativas, como vimos anteriormente, es frenar el progreso de la humanidad.

Lo que hoy puede parecer una locura e imposible en la rama de la salud, el día de mañana puede ser una realidad, así ha pasado a lo largo de la historia cuando alguien ha manifestado una opinión contraria a la mayoría y lo han tratado de desprestigiar, dándole el tiempo la razón.

¿Por qué solo hacer caso a los médicos que te dicen que no se puede?, ¿acaso no se equivocan?, ¿acaso en innumerables ocasiones no han hecho diagnósticos erróneos y nos los hemos creído?

Busca un médico que te diga que SÍ hay posibilidades y deposita toda tu confianza en él, no te conformes con otra posibilidad. Afortunadamente cada vez son más los profesionales de la rama de la medicina que siguen estudiando e investigando y abren sus miras a integrar otras posibilidades para ampliar su conocimiento en beneficio de los demás.

Porque como dicen a los alumnos de la carrera de medicina el primer día de clase, ***lo que hoy se da por válido, mañana será mentira***.

Si los trabajadores de la salud, en vez de pelearse por tener la razón y pensar que su idea es la única válida posible, desprestigiando a otros que no piensan como ellos, se dedicasen a dejar el Ego a un lado, unir sus conocimientos y ampliar la visión a otras posibilidades, **sin duda todos nos beneficiaríamos.**

Abrámonos a nuevos paradigmas, ¡todo SUMA!

¿Cómo podríamos dar un paso adelante en la sociedad?

Si cada vez que acudiéramos a una consulta nos aconsejaran sobre cómo influye positivamente la alimentación y el deporte en las enfermedades antes que recetarnos un tratamiento, **¿cuántas pastillas podríamos evitar?**

Por un lado, la industria alimentaria nos enferma con estos productos insanos y, por otro, las grandes farmacéuticas se encargan de darnos la pastilla para tratar de curar la enfermedad. Todo es un negocio en el que estos dos gigantes intentan controlar nuestras vidas.

Dejémoslo ahí, esto es otro debate que da para otro libro entero. Que cada uno saque sus propias conclusiones.

Integrar el servicio individual de nutrición en la consulta puede ser una visión a largo plazo, aunque debido a los intereses de por medio me parece algo complicado, pero lo que sí puedes hacer por el momento es hacerte responsable, no esperar a que llegue la nutrición a las consultas médicas y empezar a obtener información para tener una buena alimentación.

Pero, aunque así fuese, *¿cuántas personas estarían dispuestas, a pesar de tener un servicio personalizado, a dejar sus malos hábitos por unos saludables?*

Al ser un servicio gratuito, *¿cuántas personas lo valorarían?* Muy pocas.

De nuevo es un cambio de creencias el factor determinante, y mayormente se produce por dolor. Esperaremos a estar enfermos para intentar reaccionar y, aun así, muchas veces no funcionará, seguiremos sin hacernos responsables, pensando que la responsabilidad tiene que asumirla el médico.

Siempre tienes la última palabra, decide Tu Propio Camino y, por lo tanto, hazte responsable para elegir cómo alimentas a tu cuerpo.

¿QUÉ ES PARA TI EL ÉXITO?
TU PROPIO CAMINO

¿Quieres ser una persona exitosa?, pues debes elegir bien **el camino correcto.**

¡Voy a ayudarte en la decisión!

Si quieres conseguir una vida de plenitud y sentirte realizado, quizá tu concepto de éxito cambie al leer estas líneas.

Con el entendimiento de los siguientes párrafos puede que llegues a la conclusión de que has estado equivocado, que has caminado durante mucho tiempo en la dirección incorrecta y que, por ello, a pesar de haber obtenido éxitos, sientas vacío en tu interior.

Probablemente has sido influenciado desde pequeño por los medios de comunicación, que te han enseñado continuamente malos ejemplos de personas de éxito con gran cantidad de posesiones materiales, y a partir de ahí has realizado una interpretación errónea del concepto de éxito, basada en cosas externas.

Seguramente conozcas a personajes famosos de la prensa rosa que aparentemente tienen una vida de lujo, fama y dinero, pero luego su realidad es muy distinta.

Una vida de un verdadero éxito se basa en sentirse realizado completamente y en la contribución con los demás.

Detrás del fracaso de muchas personas que en su momento fueron descubiertas con algún talento y que triunfaron en alguna área de su vida se esconde una clara diferencia de lo que entendemos por éxito.

El verdadero éxito tiene la razón en elevar tu vida y tu espíritu. No tiene relación con hechos aislados, como pueden ser el logro personal y material, sino en la realización completa del ser, y eso se consigue cuando no solo te beneficie a nivel individual, sino que, además, beneficie al conjunto que te rodea, aportando valor al máximo número de personas posibles.

El éxito basado en lo externo puede destruir, y, basado en lo interno, potenciar tu vida.

El concepto de éxito basado en lo exterior, en los bienes materiales y no en lo interior, **daña a la persona** y a su círculo más próximo, empezando por las relaciones. Estas personas a nivel espiritual se sienten empobrecidas, a pesar de tener "todas" las condiciones favorables a su alcance, porque su propósito de vida es puramente el económico, pero, **¿qué es lo que pasa cuando se obtiene?**

Cuando consiguen alcanzar su meta, lo que queda es el vacío de la falta de sentido, siendo la depresión una de las enfermedades más comunes de los hombres y mujeres exitosas de mediana edad. Estos casos se repiten continuamente.

A lo largo de la historia se han dado casos de personas que alcanzaron el éxito y este acabó por destrozar sus vidas, arruinaron sus matrimonios, algunas cayeron en el mundo de las drogas y otras incluso llegaron a suicidarse.

En escalas menores de éxito, las personas se vuelven prepotentes, altivas y dañinas, aumentando su Ego.

El Dr. Hawkins, experto en ciencia y física cuántica, afirmaba que el éxito, nos elevara o nos destruyera, no dependía tanto del éxito mismo, sino de cómo lo integrásemos en nuestra personalidad.

Siendo factores determinantes:

- El **orgullo o la humildad** (más adelante hablaré de cómo operan en el crecimiento personal).

- El **egoísmo o el agradecimiento**.

- La **actitud de superioridad por los propios talentos o el agradecimiento por ese don** que les ha sido concedido.

Depende de dónde te posiciones.

Seguramente te vienen a la mente casos en los que personas con un mínimo de éxito se vuelven prepotentes, te miran con sentimiento de superioridad y se convierten en Ego andante.

Por otro lado, conocerás otras personas, incluso de un éxito mayor, que son más cercanas, cordiales, amables y tratan a todo el mundo por igual, no se consideran superiores a nadie.

*Son personas que están disponibles al servicio de los demás, y su única obsesión, el verdadero sentido de sus vidas, es influenciar a los demás para ayudarles a mejorar; estas son las personas **verdaderamente exitosas**.*

A pesar de ser conscientes de su éxito, no desarrollan apego, no tienen miedo a perderlo, porque saben que el éxito no depende de las circunstancias externas, sino que radica en su interior. Pase lo que pase, aunque caigan, siempre volverán a levantarse, y con más fuerza. Tienen muy claro a qué han venido a este mundo, **el porqué** de sus vidas, que es dar lo mejor de ellos para mejorar el conjunto.

Si dedicas tu vida a potenciar el bienestar de toda persona que entre en contacto contigo, la vida nunca pierde significado.

¿Hay algo más bonito que poder ayudar a los demás y, gracias a eso, saber que estás contribuyendo a mejorar sus vidas?

Un ejemplo claro de evolución espiritual que conlleva el paso de un éxito basado en lo externo, en lo material, en lo interno, en la contribución con los demás, es el **Doctor Pedro Cavadas**, *cirujano plástico español experto en trasplantes de extremidades casi imposibles.*

Según ha reconocido él mismo en varias ocasiones, se había convertido en el prototipo de cirujano rico y ambicioso. Sin embargo, sus estancias en África le llevaron a cambiar de vida y crear la Fundación Pedro Cavadas, organización sin ánimo de lucro que se dedica a la cirugía reconstructiva en África.

La misión de la Fundación es, según sus propias palabras:

"Ayudar a aquellos que no pueden elegir y a la vez devolver aquello que nos ha sido dado".

Este es el camino correcto al éxito.

"Ayudar a aquellos que no pueden elegir y a la vez devolver aquello que nos ha sido dado".

EL CAMINO DE LA ASCENSIÓN

¿Y si te dijera que todo lo que concibes como realidad es una visión tuya y, por tanto, no solo hay una realidad, sino que depende de la actitud del sujeto observador, en este caso tú?

¿Y si hubiese una realidad distinta a la que estás acostumbrado a vivir?

Pues bien, esta visión de la realidad depende del nivel de conciencia de la persona, y en base a esto esta actúa de una forma u otra.

Esta parte la he querido titular así: **"El camino de la ascensión".**

Se trata de experimentar una evolución espiritual en la que dejemos de operar con emociones negativas continuamente, las cuales nos han llevado a un estado **permanente de infelicidad**, y por ello buscamos sin cesar qué es lo que puede faltar para completar nuestra existencia y dar sentido a nuestra vida.

¿A que te has sentido perdido alguna vez?, yo sí.

Según la quinesiología, estos estados de conciencia debilitan a la persona y se manifiestan con emociones tales como la humillación, la culpa, la desesperación, el remordimiento, la ansiedad, el deseo imperioso, el odio o el desprecio.

En estos estados de conciencia está sumergida la gran mayoría de la población, viviendo continuamente en un campo energético negativo.

El camino de la ascensión es una visión de ampliación de la conciencia que propone pasar a vivir continuamente en un campo energético positivo, rodeado de emociones que nos fortalecen, siendo estas la afirmación, la confianza, el optimismo, el perdón, la comprensión o el amor, incluso hasta estados mayores de elevación, los cuales alcanzaron las grandes personalidades de la historia, como la Madre Teresa de Calcuta, Gandhi o, llegando al máximo nivel, Buda o Jesús de Nazaret.

En este campo de energía todas las cosas son posibles, todos nuestros anhelos más profundos del alma, se pueden cumplir nuestros sueños, incluso en esos niveles elevados de conciencia pueden producirse los milagros.

Para eso necesitamos **creer** que hay otra opción que la que estamos manejando, otro concepto distinto de realidad, y así alcanzaremos aquello que ansiamos a través de pasar a elevados niveles de conciencia.

Es una ascensión o evolución de la conciencia en este plano terrenal llamado vida, llámalo como quieras: pasar del polo negativo al polo positivo, del sur al norte, dar un salto cuántico, etc.

Le pese a quien le pese, venimos a la vida a evolucionar continuamente, no solo en el plano material, sino en el espiritual, y cuando no lo hacemos experimentamos el sufrimiento.

Como decía en capítulos anteriores, ¿cuántas personas tienen gran cantidad de dinero ahí afuera y no son felices, e incluso en algún caso acaban quitándose la vida porque viven en depresión?

La respuesta es fácil de entender, pero difícil de hacer: **porque no progresan en todas las áreas de sus vidas.**

Estas personas han perdido la motivación por la vida, incluso para el instinto principal de la evolución, la supervivencia, acabando su experiencia en el plano terrenal.

Todo está en continuo movimiento.

Como si de agua estancada se tratase, cuando no tiene movimiento se pudre, por tanto, cuando te estancas y dejas de evolucionar, "mueres".

Debes seguir progresando, aprendiendo, experimentando, y para eso tienes que poner a tu disposición a uno de los principales actores, pero no el único, **la mente.**

Todo está regido por nuestra mente y, dependiendo de las interpretaciones que queramos hacer de lo que está ocurriendo, podremos experimentar la ascensión en nuestro nivel de conciencia. Ante una misma situación cada persona puede establecer una interpretación distinta y actuar de manera diferente.

La mente funciona de la siguiente manera:

Para evolucionar, es necesario quitarle a la mente su poder como único moderador de la realidad.

Su trabajo consiste en convencernos de que lo que vemos es la única experiencia real, por tanto, cada persona siente que su particular experiencia del mundo es inequívoca. En base a esto, **¿cuántas realidades hay?**

Si cada persona actúa desde su propio nivel de verdad, cree certeramente que todas las decisiones y acciones que está tomando son correctas, y, por tanto, el otro es el que está equivocado. Esta situación está llevando a fuertes discrepancias entre unos y otros, siendo un desencadenante de grandes problemas de la humanidad, manteniéndonos en campos de energía negativos, siendo imposible la evolución de la conciencia.

Aquí entra en juego el **orgullo**, siendo un mecanismo de negación. Por tanto, negamos todo aquello que es diferente a nuestro pensamiento con el fin de tener razón.

Este pensamiento es el que nos está impidiendo alcanzar un elevado estado de conciencia, nos hace resistirnos al cambio y, por ende, no evolucionar.

Muchas veces no evolucionamos porque sentimos que estamos traicionando a nuestros padres si actuamos de manera diferente a la educación que nos han dado, preferimos mantenernos en nuestra razón, aunque estemos estancados.

El orgullo está ampliamente relacionado con el éxito deportivo, como verás más adelante.

¿Cómo elevar nuestro nivel de conciencia?

Si queremos experimentar una vida de crecimiento personal, debemos eliminar la idea del "YO SÉ", que nace desde el orgullo, negándonos cualquier posibilidad distinta.

Podemos cambiar por inspiración, aunque esta puede acabarse, pero sobre todo cambiamos **cuando hemos tocado fondo.**

Cuando caemos al pozo, llegamos al entendimiento de que nuestro sistema de creencias ha dejado de funcionar y nos ha llevado a realizar unas acciones equivocadas durante demasiado tiempo, derivando en esta situación dolorosa. Aquí llegamos a la conclusión de que no sabemos tanto como creíamos y que nuestra realidad era equivocada.

Así no puedes seguir manteniéndolo porque ya no tienes argumentos a su favor. *El dolor es el punto de inflexión que te ayudará a subir el nivel de conciencia, cual ave fénix resurge de sus cenizas.*

En este punto de quiebre dejas el "YO SÉ" que estás manejando, que no te deja avanzar y del que no eres consciente, para abrirte a hipótesis diferentes, introducir unas creencias distintas y experimentar otra realidad.

La vida es un camino de aprendizajes y debes verla como tal. Para seguir creciendo debes entender un concepto que se hace indispensable, LA HUMILDAD.

Humildad para aceptar como equivocado lo que ya conoces y sacar provecho a la situación dolorosa, pues el sentido positivo que tiene es darte el impulso para dar el primer paso y adentrarte hacia un camino desconocido para ti, pero que te llevará al crecimiento personal.

La humildad es una gran maestra, nos aporta la capacidad de reírnos de nosotros mismos; pasamos de ser víctima de lo que diga nuestra mente a ser su maestro para que opere a nuestro favor.

Llegamos al entendimiento de que no somos nuestra mente, sino que tenemos una mente con creencias, pensamientos y emociones, y que todos estos pensamientos han sido aprendidos y, por tanto, no son nuestros, que todo son patrones que hemos heredado del mundo en el que vivimos.

La gran mayoría de los humanos opinan igual y prevalecen sobre la minoría, entonces asumimos que **"es lo que debe ser"**, llegando a la conclusión de que estamos en lo correcto, que no es posible que tantas personas estén equivocadas, y cometemos el error de no cuestionarnos. Siento decirte que las masas a lo largo de la evolución se han equivocado.

La mayoría adapta su pensamiento en función de las ideas de moda.

Cada vez que ha surgido alguien con una nueva idea contraria a la multitud o que no parecía posible, lo han tachado de loco, criticándolo hasta la saciedad.

"Los grandes espíritus siempre han encontrado una violenta oposición por parte de las mentes mediocres".

Albert Einstein

<u>A partir de aquí podemos cambiarlos por nuevas ideas, aplicar la humildad y abrirnos a una nueva posibilidad.</u>

Dejar lo que ya conocemos, lo que hace la mayoría, y abrirnos a lo nuevo para experimentar la evolución y dar el salto de conciencia.

Una característica de las personas triunfadoras en cualquier faceta de la vida es la humildad. Es el caso de empresarios como Amancio Ortega, que dona millones de euros para la medicina, o actores como Antonio Banderas, pero como la temática de este libro es de salud y deporte, vayamos a ver un ejemplo de élite.

Todos los atletas que han experimentado grandes logros a lo largo de la historia operaban desde **la humildad**, expresando gratitud por lo conseguido, atribuyendo su logro no solo al gran esfuerzo realizado y al autocontrol, **sino a un estado de gracia de un poder superior, situado por encima del "YO" personal**.

Esta **elevación de la conciencia** les permitía superar el umbral del dolor y, por tanto, aumentar su rendimiento.

Los atletas con esto conseguían romper los récords y, sobre todo, servir de ejemplo al mundo, demostrando que, elevando la conciencia y operando en campos positivos de energía, otra realidad es posible.

Otra característica de la humildad de estos deportistas es que, a pesar de sus logros, siguen el camino de la ascensión, no para satisfacer su "YO", puesto que estarían operando desde el orgullo, sino que *están comprometidos con servir al conjunto.*

El orgullo es una energía negativa que debilita a cualquier persona, no solo en el mundo del deporte, sino en las finanzas y en las relaciones.

Los deportistas exitosos operan desde un lado superior, no con la intención de derrotar al oponente, ya que esa actuación viene del ego de querer ser más que los demás y, por tanto, pierden energía, sino que la concentran en un punto, en expresar de lo que son capaces **por amor a algún ser querido o a su país o por alcanzar la excelencia de la propia disciplina que practican.**

Para lograrlo saben que su evolución no solo depende de la práctica constante, también son guiados por sus mentores o entrenadores, afirmando que son una pieza fundamental de sus éxitos.

Todos conocemos ejemplos, como es el caso de Pau Gasol, Rafa Nadal, Roger Federer o el recientemente fallecido y una de las estrellas de la NBA, Kobe Bryant, que hablaba en una de sus últimas entrevistas de la importancia de tener un mentor con resultados en el área en la que tú quieras mejorar.

Bryant afirmó que, al observar que esa persona había conseguido ese sueño, te hacía ver que tú también podías hacerlo.

Integró muy bien la filosofía de sus mentores, entre ellos **Magic Johnson**, que se encargaba de formarle una mentalidad adecuada, común en todas las personas que consiguen cosas grandiosas, declarando

Bryant: ***"Estos tipos me enseñaron lecciones que me dieron ventaja frente a mis competidores, por eso es tan importante tener mentores como ellos, faros de los que aprendes y a los que admiras"***; y su entrenamiento era de la siguiente manera:

—Con entrenamiento mental día tras día a base de repetición y alto impacto emocional, descartando de su mente toda posibilidad que no fuera la consecución de su sueño, sirviendo él como ejemplo.

—Con la práctica deportiva constante hasta llegar a la excelencia y no parar hasta conseguirlo, haciendo hincapié en que, si sus rivales entrenaban a las seis de la madrugada, él debía levantarse a las cuatro. Esas dos horas de más, multiplicadas a lo largo de los años, son las que le harían conseguir todas sus gestas que conocemos, rozar la perfección en su deporte y ser recordado por todos como una fuente de inspiración.

Todos ellos buscan mejorar la humanidad. El amor por lo que hacen y sus ganas de impactar en la vida de los demás eran el motor de su propósito, haciéndonos ver que todos podemos realizar otras proezas, como afirmaba Bryant en una de sus frases célebres:

"Lo más importante es intentar inspirar a las personas para que puedan ser lo más grandes posible, sea lo que sea que hagan".

Todos ellos, a pesar de haber conseguido numerosos éxitos, practican **la humildad y siguen** con la misma ilusión del primer día porque siempre piensan que les queda mucho por aprender, pues **aman**

lo que hacen y necesitan estar en _**constante evolución**_ para ofrecer al mundo lo mejor de ellos mismos. Además, tienen **una gran perseverancia, dedican toda su atención, energía y enfoque a su pasión**, el estancamiento les llevaría al fracaso de su propósito de vida.

Esto no solo se limita a la práctica del deporte, ya que también lo convierten en su estilo de vida, manifestándose en todas sus áreas, de modo que se convierten personas de éxito en los negocios y en las relaciones. Están vibrando con alta energía y por vibración atraen a personas similares.

La genialidad de estos triunfadores no solo se debe al trabajo duro, sino que han elevado la conciencia y accedido a campos de alta energía nombrados anteriormente, operando desde el amor y la humildad, además de manifestar una gran FE, afirmando que son ayudados por una fuerza superior, por la divinidad, llamémosle, Dios, Buda, Energía o la Fuente.

Este es un ejemplo de genialidad conocido por todos, pero, **¿y si te dijera que tú también la tienes dentro de ti?**

Al igual que estos personajes anteriores, tú también estás dentro del mismo universo que ellos. No es cuestión de suerte que estas personas hayan triunfado, todos tenemos un potencial dentro de nosotros que seguro en alguna ocasión se ha manifestado, pero no sabes cómo se ha producido.

El problema es que la sociedad te ha hecho creer que la genialidad depende de títulos, de tener un nivel de estudios elevado o un coeficiente intelectual por encima de la media. Una vez más, te influye lo que diga la multitud, la cual ha formado tu sistema de creencias limitante y, por tanto, acabas operando en campos de energía negativos.

¡Es su verdad, no la tuya, no la aceptes!

De hecho, hay muchos genios que nacieron en familias sin recursos económicos y no han tenido una educación por encima de la media, pero esa escasez la aprovecharon para adquirir experiencia y sacarle el **máximo** partido a su vida, **dedicándose en cuerpo y alma a su pasión**, llegando a ser auténticos maestros en su campo.

Si los analizas, observarás que son personas con una energía sin igual. Cuando hablan tienen la capacidad de atraer tu atención por encima de todo, parecen incansables, **están operando en campos de energía positivos**, afirman que aman su pasión y son muy creyentes.

Por tanto, es hora de sacar al genio que llevas dentro escondido, pero antes debes cambiar el pensamiento que tiene la mayoría, que viene del victimismo, y hay que tratar de eliminarlo, dejar los miedos atrás y abrirte al mundo de las posibilidades.

¡EL TIEMPO SE ACABA, DECIDE!

No sé cuál será tu situación ahora mismo, pero, sea la que sea, estás solo a una decisión de cambiar tu futuro, de salir de donde estás, porque de no hacerlo pasarán los años y no seguirás en el mismo sitio, estarás peor.

Aplica lo que has leído en estas líneas, aunque no te digo que será fácil, sería engañarte. Es un proceso muy doloroso, como has leído, y lleno de dificultades, pero el universo premia a los valientes, y tú eres uno de ellos.

Yo no soy ninguna persona especial que tiene condiciones distintas a las tuyas, pero sí que un día decidí que ya estaba cansado de sufrir, y fue un punto de inflexión para hacerme responsable y decidir que yo iba a ser el creador de mi futuro.

Comencé a buscar las herramientas y los profesionales necesarios, que me ayudaron a tener la mentalidad adecuada para salir de mi situación, y hoy en esta trilogía lo he condensado para ti, para ayudarte y empoderarte para que salgas de donde estás. Tú puedes conseguirlo, eres merecedor de una buena salud, de un gran físico, del trabajo de tus sueños, de conseguir el propósito que te has marcado, alcanzando tu mejor versión.

Sugestiona a tu mente durante todo el día de lo que quieres crear, trabaja muy fuerte y no escuches opiniones de mediocres, y verás aparecer milagros en tu vida.

Puede que estés atravesando una de las más duras batallas de tu vida, y por ello debes seguir leyendo la tercera parte de la trilogía, *APTO*, porque te mostraré cómo trascenderla a través de mi ejemplo.

EL CRECIMIENTO TIENE QUE SEGUIR

Querido lector, en estas dos primeras partes he querido ayudarte a mejorar tu salud con multitud de información, trabajando cuerpo y mente.

Para completar esta trilogía, he juntado herramientas que me ayudaron a superar la situación más crítica de mi vida y, junto con las que acabas de leer aquí, podrás conseguir tus objetivos profesionales.

APTO:

Actitud, Pensamiento, Transformación, Oportunidad, son principios metafísicos y conceptos que me ayudaron cuando estuve a punto de abandonar en la consecución de uno de mis sueños.

Todos pasamos por situaciones traumáticas; unos antes, otros después, es ley de vida.

Es importante que sepas manejarlos para seguir con tu propósito adelante o, de lo contrario, acabarás abandonando.

<u>A Lain García Calvo, autor de *La Voz de Tu Alma*</u>

"EL SOCORRISTA"

Querido/a amigo/a, voy a presentarte a una persona ESPECIAL. Allá por el mes de noviembre de 2018 me encontraba en estado depresivo, sin ganas de nada, no era feliz como consecuencia de haberme fallado a mí mismo e ir en contra de mis principios, no sabía qué camino tomar ni cómo salir de la situación. Me encontraba en medio del mar, nadando para todos sitios sin ver la orilla, y mientras tanto me estaba ahogando.

Hasta que un día como hoy, el 4 de noviembre de 2018, en compañía de mi hermana mayor entré en una librería y, dando una vuelta, hubo un libro que llamó mi atención, como si una fuerza irresistible me atrajese hacia él. Era *La Voz de tu Alma*, de Lain García Calvo. Estaba tan desesperado que lo compré, ¿qué más podía perder?

Pues, lejos de perder, gané y mucho. Empecé a leer la misma noche, y conforme más leía más quería, y poco a poco, aplicando sus principios, empezaron a pasarme cosas, como, por ejemplo, hacerse realidad dos de mis visualizaciones: encontrar la casa donde vivo hoy y, la segunda visión, poder darle un abrazo encima del escenario de su evento, porque sentía que debía agradecerle que hubiese aparecido en mi vida.

Fue renovando mi mente y mis ganas de volver a empezar, hasta el punto que decidí inscribirme en el evento INTENSIVO VUÉLVETE IMPARABLE, una experiencia única y transformadora que desde aquí recomiendo a todo el mundo. Su evento me dio un impulso definitivo, junto con la ayuda de sus libros, para crear lo que hoy tienes en tus manos y que jamás me creí capaz de hacer: escribir un libro. Porque Lain te enseña que los límites están en tu mente y que lo más importante en la vida es el Progreso y la Contribución, poder ayudar a otras personas a encontrar su camino, y esta es mi manera de seguir ayudando a otros, como hace él.

Por tanto, gracias, Lain García Calvo, por ser mi socorrista aquella tarde, evitar que me ahogase y enseñarme a escuchar la voz de mi alma.

GRACIAS, GRACIAS, GRACIAS.

SÍGUEME EN MIS REDES SOCIALES

 ivangomezlopez_

 Iván Gómez López

 Iván Gómez López